【文庫クセジュ】

古代ローマの日常生活

ピエール・グリマル 著
北野徹 訳

白水社

目次

序文

ローマの国民と文明の歴史は一千年に及ぶ。伝説上のローマ創建年が紀元前七五三年であることを認めようと、認めまいと、現代の考古学者が発掘した最古の遺物は、ほぼ紀元前八世紀のものである。考古学者の業績のおかげで、今では、ラティウム地方の住民の、遠き昔の日常生活を垣間見ることができる。紀元四世紀初頭、ローマが文明世界の唯一の首都という地位と名声を失ったとき、目立たぬ建国時代から、ほぼ十二世紀が経過していた。したがって、ローマ人の「私生活」について、唯一のイメージを描こうとしても無駄である。将来の歴史家が、シャルルマーニュのガリア、ヴァロア朝のフランス、ルイ十四世やナポレオンのフランスから継受した要素を、同じ視点から見て、混同するのと同じである。事実の密度が、ある千年と他の千年で同じでないこと、一般に言われているように歴史の速度が「加速する」こと、を認めるとしても、ロムルス王がおそらく夕方家畜の群れを連れ帰っていたパラティヌス丘の粗末な小屋の時代から約八〇〇年が経過したあと、ティベリウス帝によってこの丘に皇帝の宮殿が創建されるまでは、時間的に大きく隔たっている。帝政初期のローマと終末期のラヴェンナとの時間的隔たりも同じである。この間、政治・軍事・経済上の諸々の事件によって、世界の構造は激変したが、このような発展をもたらし、それを証言する日常生活そのものも、大きく変貌せざるをえなかった。一国民の富・商圏・交易密度・貨幣価値が、その国民の生活様式に影響を及ぼすことは明らかである。しかし、これらすべてを規定しているのは、帝国の版図、帝国がライバルに対抗して耐え抜いた戦争、さらには帝国の社会構造である。

　正直言って、次に述べる二つの歴史のあいだには、まったく垣根はない。一つは、戦争や革命を扱う「本格的な歴史」であり、他は、おそらく対象がもっと地味なだけでなく、もっと私的な、掘りさげてゆくと、人間心理や人間そのものの知識に入り込む歴史である。たとえば、紀元前二世紀の、ギリシアの諸王国に対するローマの勝利がローマ人の生活様式にもたらした、根本的かつ必然的な変化については、のちほど検討するが、この変化は国家全体の制度に影響を及ぼさざるをえなかった。古来の信仰、政権担当者の指導原理、都市のあらゆる理想が問い直された。ギリシア人が、征服者のローマ人に対し、より美味しい晩餐をとる術《すべ》を教えた日から世界の歴史が変わったと主張するのは、おそらく誇張ではなかろう。私生活は、特定の経済や社会の状況を反映するが、同時に、国民の心理に影響を与える諸々の原因の一つでもある。ローマ人自身、この事実を知らなかったわけではない。おそらく、その重要性を誇張し、とくに結果や徴候が現出しているところに原因を見出したのだろう。ローマのモラリストは、「頽廃的な」奢侈《しゃし》を糾弾することが多かった。日常生活が大きく変貌したちょうどその時代に、カトー[1]は監察官[2]であり、定着しようとしていた特定の慣行を禁止し、堕落だとして糾弾したことに対して影響を及ぼそうとした。女性が身につける宝石の重量に制限を設けたり、宴会の内容や奴隷の価格を規制したりした。約二世紀後、皇帝アウグストゥスは衣服の乱れを戒め、フォルム・ロマヌム〔現フォロ・ロマーノ〕へ来る者全員に、着心地の悪い伝統服であるトガの着用を強制する。そのうえ、広い庭に囲まれた贅沢な住宅が流行するのを阻止しようとするが、これにも失敗する。ローマ世界では、定期的に「奢侈禁止法」が制定される。直接、目標としていたのは、個人の出費の削減であり、間接的に意図していたのは、生活様式の簡素化によって脆弱化した道徳を正すことであった。しかしながら、かくも強力な時流に逆らうことはできなかった。当時、国富の増大は、世界のほぼいたるところで数世紀来蓄積されてきた財貨を吸いあげていたからである。奢侈禁止法は無力なままであり、ローマの道徳は、けっして経済的必然性を免れることはできなかった。

（1）M・ポルキウス・カトー。カルタゴが再興すると警鐘を鳴らした保守派の政治家（紀元前一九五年執政官、紀元前一八四年監察官）。『農業について』、『起源論』を著わしたローマ最初の散文家でもある〔訳註〕。

（2）監察官（ケンソル）は、もともと四年ごと、紀元前二〇九年からは五年ごとに実施された国勢調査を主管し、元老院議員・騎士身分の選定、風紀の監督なども担当した高級政務官。元執政官から二名、任期一八か月で選任される。共和政末期には、事実上すべての権限を失った〔訳註〕。

＊＊＊

実のところ、ローマ人の私生活はかなり評判が悪い。いくつかの言葉に関する曖昧な記憶が、ローマ人の私生活に対して恥ずべきものという烙印を押しているからである。ルクッルス[1]の饗宴、「ネロ流の」遊蕩がそれである。モラリストが一国民全体や約一二〇〇年の歴史を糾弾するには、これで充分である。この責任の大半は、古代の歴史家の大げさな表現、あるいは計算づくで発した不誠実な言葉にある。だが、もはや彼らの判断を決定的なものと認めることはできない。攻撃の的となっている贅沢は、たいていの場合、食卓における贅沢である。大家の調理人は、はるか遠方から黄金のような価格で高価な食材を仕入れたと非難されている。しかし、仔細に眺めてみると、道徳にもとる高価な食べ物とは、牡蠣《かき》、茸《きのこ》、アドリア海の魚、ガリア〔ほぼ現フランス〕の鵞鳥《がちょう》である。古代の監察官たちにとっては、今世紀のブルジョワの夕食こそきわめて頽廃的なものと映るだろう。しかし、引用されている例――本書でもそのいくつかについて触れる――は、何人かの有名な変人の例にすぎない。これら変人の性格が例外的であったので、誇張されているにすぎない。有徳者気取りの憤慨は、大半のローマ人がもっと安上がりの食事をとっていたことを証明しているだけである。

（1）L・リキニウス・ルクッルス（紀元前一〇六年頃～紀元前五七年頃）。スッラの忠実な部下で、同盟市戦争やミトリダテス戦争に従軍。美食家として有名。文学・芸術の愛好家でもあった〔訳註〕。

ローマは、日常の風俗に対し奇妙な態度を取りつづけた。良心に恥じるところがなかったわけでもないし、良心の呵責を感じず、豊かさに溺れていたわけでもない。おそらく、突如、ローマが頭角を現わしたからであろう。ローマは、まったくあるいはほぼ移行期間なしで、イタリアの小村から地中海の首都の地位に昇りつめた。この征服に関与した者は、まだ、「貧しかった」時代のことを憶えている。忘れてしまっていたとしても、ローマ市とくらべて長いあいだ質素な状態に留まっていたイタリアの他の小都市から芝居などの見世物が来て、つねに古来の徳の記憶を想い起こさせていた。ローマ市では、日常生活は「自治市」（地方都市はこのように呼ばれた）よりも急速に変化した。通信の遅いこと、血なまぐさい征服の遺恨が育《はぐく》んだ、思ったことを言わない態度や地方の独立意識、さらに、ローマ市に暮らすローマ市民が、実際には法律上平等であるはずの地方市民が与《あずか》ることのできない特権を有していた事実、これらすべてが、ローマ市とイタリアの自治市のあいだに深い溝をつくっている。アウグストゥスや、ずっとのちになって継承したフラウィウス朝[1]やアントニヌス朝[2]の皇帝たちも、まさにこの「自治市」で、行政官や高級官僚に登用すべき「汚染されていない」人物を求めた。ローマ市の汚染がイタリア中に拡散し、小都市の風俗がますます首都に似るにつれて、汚染されていない皇帝候補者を輩出するのは、西方の属州である。皇帝たちは、イタリアにくらべて東方の影響を受けていないガリア、ヒスパニア、アフリカに目を向けた。

(1) ウェスパシアヌス、ティトゥス、ドミティアヌスが統治した時代(六九年〜九六年)〔訳註〕。
(2) ネルウァからコンモドゥスまで七人の皇帝が統治した時代(九六年〜一九二年)〔訳註〕。

要するに、帝国末期にいたるまで、ローマ人はいつも、風俗の頽廃だけがローマ破綻の原因である、と信じていた。最も華々しく征服が行なわれた時代には、古来の質素さが残っていたため征服が可能であった、という錯覚は、その大半がこの感情に基づいている。したがって、ローマ人は、盛んに質実を奨励した――質実を実践したのではない――ので、歴史の流れに逆らえると考えていた[1]。

(1) 以下に述べる内容は、当然のことながら、J・カルコピーノ『帝国最盛期におけるローマの日常生活』(一九三六年）に依拠するところ大である。以下、この著作を参照した箇所については繰り返し指摘しないことにする。さらに、U・E・パオリ『古代ローマの日常生活』（一九五五年）と『世界女性史』第一巻（一九六五年）所収の筆者の論文を参照されると有益であろう。また、拙著（沓掛良彦・土屋良二訳）『ローマの愛』（白水社、一九九二年）も参照されたい。参考文献を補足するには、拙著の『ローマ文明』（一九八一年）と『ラテン文学を専攻する学生のための手引書』（一九七一年）を参照されたい。また、R・エティエンヌ『ポンペイの日常生活』（一九六六年）、P＝M・デュヴァル『パックス・ロマーナ時代のガリアの日常生活』（一九五二年）、Ch・テルヌ『ローマ時代のゲルマニアの日常生活』（一九七二年）も参考にされたい。技術については、R・J・フォーブスの次の労作がある。『古代文献目録』（一九三九年以降）と『古代技術の研究』（一九六四年以降）。そのほか、フロランス・デュポン『共和政下のローマ市民の日常生活』（一九八九年）がある。

第一章　ローマ創建からポエニ戦争時代までの「私生活」

古期ローマの住民の私生活は、その歴史ほど正確に判っているわけではない。古代の証言は、この時代よりもずっとのちの著述家によって伝えられたもので、彼らは想像力と情熱の赴くまま歴史を再構成している。ラティウム地方で発掘された墳墓の壮麗なこととは対照的に、ローマ市で発見された考古学資料は貧弱で変化に乏しい。当時の住民の生活を詳しく知るには、明らかに、最古の墳墓から出土した貧弱な家具調度品では不充分である。これらの墳墓には、エジプトの墳墓を飾っているような絵画はないし、後日ローマ市にも現われ、葬送の銘文や浮彫りを補完するような絵画もない。ごくありふれた道具があるだけである。このような道具としては、普通の土器、ときにはギリシアから輸入されたコップや小瓶（これら輸入品の出土により墳墓の年代比定が可能）、さらには留金《フィブラ》〔追加図版Ⅱ②〕のような、いくつかの典型的な宝飾類を挙げることができる。留金そのものは、粗末な「安全ピン」であり、おそらく体にぴったりさせずに身に纏《まと》っていた古期の衣服のドレープを固定するのに使われた。かなり平凡な品であり、地中海沿岸のほぼいたるところで、さまざまな時代のものが出土している。しかし、これら墳墓のいくつかから、古期ローマ人の住居を示す資料が出土している。「小屋型骨壺」がそれである。

この骨壺はテラコッタの壺〔粘土を焼いて作った壺〕である。火葬のあと遺灰を納めるのに使われ、円形か楕円形、ときには長方形で、生者が住居としていた小屋を象《かたど》っている。したがって、古期ローマの家は、土地の湿気や雨水から家を守る基礎のうえに建てられていたことが判明している。家が外部に面している部分は、ほぼ四角形の大きな扉であり、ときには一、二枚の鎧戸が付いた窓である。敷居は突起した部分のある大きな敷石でできている。扉は長い水平の閂で閉じられ、閂は扉枠の溝穴にしっかりと固定されていた。屋根は円錐状の藁葺《わらぶ》きで、軒は大きく張りだしていた。アフリカの特定の部族が使っている藁小屋を想起する人もいる。

この種の住居は、ラティウム地方〔すなわち、ティレニア海、テヴェレ川左岸、アペニン山脈の最も外側の支脈で囲まれた高原と平野〕だけでなく、エトルリア南部地域〔テヴェレ川右岸〕の墳墓にも、その証拠を残している。ローマ市でも、フォルム・ロマヌムにあった、かの有名な墓地がこの実例を提供している。そして、ごく最近、計画的な発掘によって判明したところによると、同じような外見を持つ小屋がパラティヌス丘に建っていて、城砦のようにテヴェレ川の谷を見おろしていた。古典時代のローマ市では、これらの小屋に関する記憶はまだ完全に失われていなかった。パラティヌス丘でも、カピトリヌス丘でも、民衆の敬愛によって、小屋が一、二軒保存されており、ロムルスの家、あるいはファウストゥルス（かつて狼がロムルス兄弟に授乳していたとき、この兄弟を引き取った牧夫）の家として通っていた。藁屋根は、ときどき葺き替えられ、虫に食われた支柱も取り替えられていたが、その記憶は敬意が払われ、尊重されていた。

文献の伝えるところによると、ローマ市の最初の住民は、日々、羊や牛の世話に追われる牧夫であった。ずっとのち、もっと北方の「サビニ地方」（テヴェレ川左岸の平野で、テヴェレ川とアニオ川の合流地点より上流にある地方）に定住していた部族がローマ市に集住するにつれ、原野が耕作された。この伝承の信憑性はかなり高いと思われる。事実、ラティウム地方の自然は、深い溝で区切られた、海風の吹きつける広い台地で構成されている。この地域では、少なくとも丘には、森が自生していた。ローマ市の、特別に名前が付けられた場所では、こんにちにいたるまで、カエリウス丘の樫《かし》やブナの森、ウィミナリス丘の柳の森、アウェンティヌス丘の月桂樹の森というような記憶が残っている。最初の定住地は、林間の空地にある村落や、丘の張り出した部分を閉じる土塁の背後に家畜や牧人を避難させていた村落である。人が住んでいない丘と海のあいだに位置する台地は、素晴らしい入会地《いりあいち》であった。こんにちでも、この台地は密生した草に覆われていて、ローマ平原に棲む丈夫な品種の牛の飼料となっている。そこでは、羊の大群と出会うことも稀ではない。この地域では、なかば海水が入り込んでいるので、長期間、灌漑作業をすることによって、ようやく穀物の栽培が可能となる。歴史時代になる遙かまえ、この地を占拠していた住民がすでに干拓用の水路システムを築いていた証拠が残っている。しかし、ローマ創建当時、これらの水路は、使われていなかったとはいえないが、すでにほとんど補修されていなかったようである。以上の理由から、パラティヌス丘に牧人の村落を描く、詩人の伝統的情景描写を斥けることは難しいだろう。

一方、きわめて早い時期から、ラティウム地方の住民は、海が恵んでくれる天然資源、とくに塩を開発していた。オスティア地域では、テヴェレ川河口の両岸とも、塩田地帯となっていた。質素な住民にとっては、塩はつねに貴重な交易の通貨であった。塩は牧人にとってことさら必要な物資である。塩の給餌が家畜の良好な発育に有効であることが知られていたからである。この地方の最初の商業は塩の交易であった。隊商は海岸を出発して内陸部へ赴き、貴重な塩を取引した。その途中でローマの地を横切る。古典時代、一本の道路――こんにちでもローマの放射状幹線道路の一つ〔現サラリア街道〕――が塩《ウィ》の道《ア・サラリア》〔追加図版I〕と呼ばれていた。この道路はローマから、北方のサビニ地方へ通じている。おそらくこの道路を通して、ラティウム地方とイタリア中部の農民が最初に関係を持つことになったのであろう。パラティヌス丘の牧人は、この道路によって孤立から脱し、初めて「加工製品」を知った。彼らの村落の周辺、とくに、後日フォルム・ロマヌムとなる谷は、古代の交易路上にある宿泊地となった。この宿泊地は塩田から三〇キロの便利な位置を占めており、旅の初日の夕べにふさわしい休息地であった。おそらく、ローマは、「塩の道」の沿道に生まれた市場の一つであった。そのころ、ローマ市の住民は多様化しはじめる。牧人のほかに、商人や少数の職人がいた。これらの人たちは人びとが集まってくる機会をつかまえて、製品を売りさばいていた。テヴェレ川の資源を活用する漁師――現在もいる――もいて、住民の食べ物を少し多様にしていた。麦・野菜・果物を売る近隣の農民（クィリナリス丘やその後背地に住むサビニ人）もいた。住民が全員同じ部族に属しているわけではなかった。パラティヌス丘の麓に集まった部族としては、まずラテン人（古くからの牧人層）、次にエトルリア人（通常、職人）、そのほか、サビニ人（ローマ社会の農民層、とくに「耕作民」）がいた。ローマは、当初から多様である。ローマは偶然の出会いから生まれたので、どんな影響を受けても柔軟であり、ローマにおいて最後まで最も注目すべきは、その合成力である。

＊＊＊

大国ローマは、このように目立たない状態から出発して、段階的に発展を遂げ、三、四世紀のうちに、ついにイタリア半島全体に拡大した。しかし、この帝国の中心部は、農業都市のままであり、テヴェレ川右岸のエトルリア地方沿いに南方へ張出している丘陵、サビニ地方とラティウム台地によって囲まれたところに位置していた。ローマ市は政治・商業の中心地であって、八日目ごとに（ローマ式の数え方では「九日ごとに」）人びとが市場へ集まる。しかし、高い身分に属する市民は、ほとんどローマ市に常住することはなかった。日常生活を営んだのは、市の周辺部においてである。民会で政務官が選出されると、それら政務官を迎えに、彼らが住んでいる農場へ赴く。ローマの青年は農地を耕作することで戦闘時の忍耐力を養う。ローマ帝国の最後まで、風俗の細部に数多くの特徴が残っているが、これらの特徴は、起源が農民であると考えることによってはじめて説明が可能である。

ローマ史初期の数世紀間、由緒ある家柄のローマ人は一人ひとりが土地を所有していなかった。土地は、氏族《ゲンス》（すなわち祖先を同じくする家族の総体）が所有していた。土地は、二つの部分から構成されていた。一つは、氏族のメンバー全員の共有地であって、たとえば、家畜の飼育や林業に使われた。他は比較的

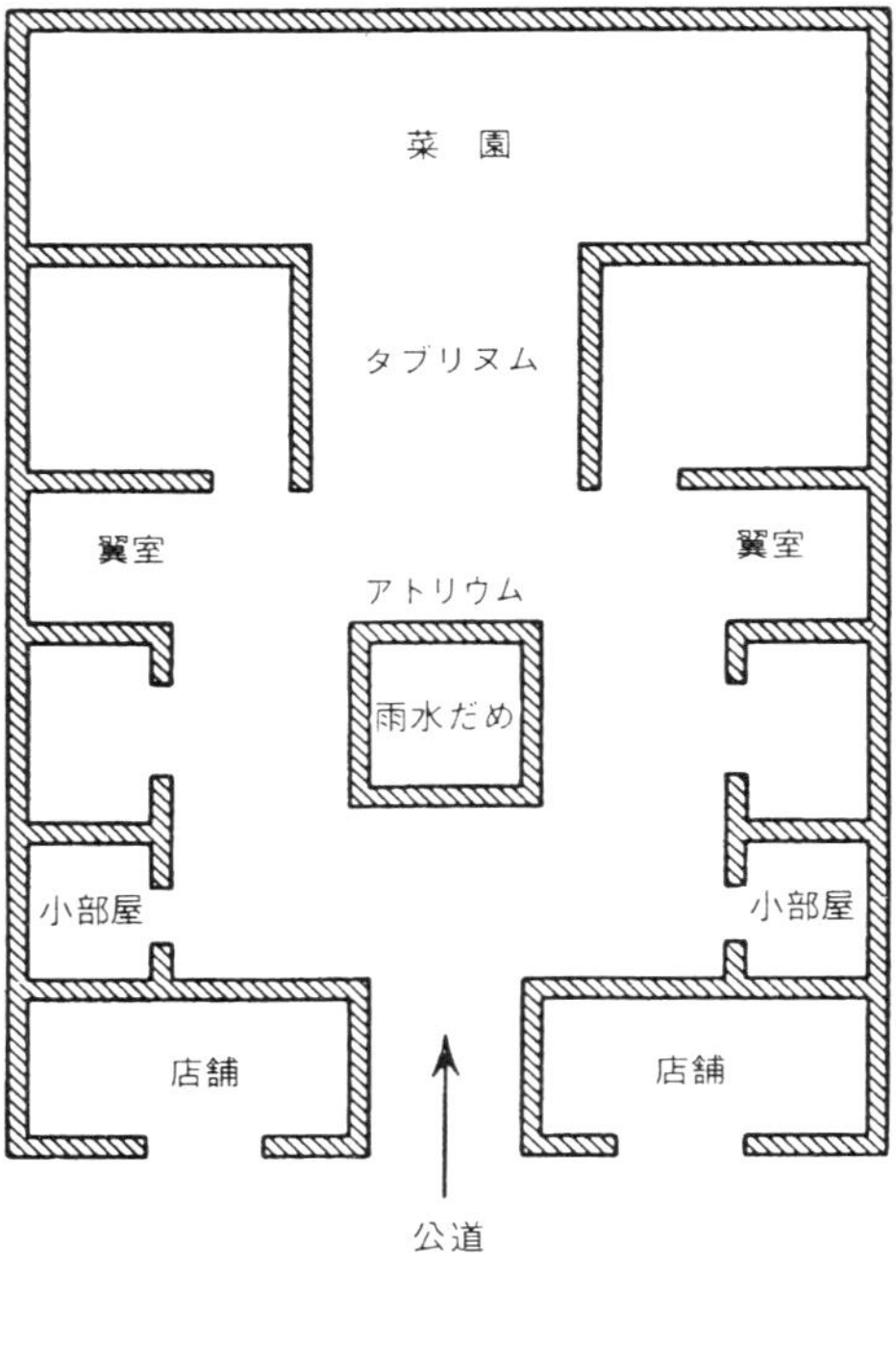

図 1　初期の都市の住宅

小さな区画に分割され、各家族に割り当てられ、家族《ファミリア》一人ひとりの生活で使われた。

明確には判っていないが、おそらくエトルリアが主導的役割を演じたと思われる影響を受けた結果、ラテン人の円形の小屋は使われなくなった。そのかわり、まず突如、長方形の小屋が出現し、その周辺に複雑な建物群が建てられる。家族には、父母だけでなく、結婚した子供や使用人もいるから、すぐに同じ囲繞地《いにょうち》のなかに小屋を数戸併置しなければならなくなる。かくして、一定のプランに則って、簡単な小部屋で構成された住宅ができあがる（図一）。入り口の中心軸線上にあって、中央部に位置する中庭の向こう側には、タブリヌムと呼ばれる部屋があり、父母がそこに置かれた夫婦のベッド《レクトゥス・ゲニアリス》で寝る。この部屋はとくに神聖である。子供は全員ここで生まれ、あらゆる権威はここから発せられるからである。ここに家族の神々――ラレス神[1]とペナテス神[2]二体――を祀った神棚が設けられ、家庭での祭祀が執り行なわれる。たいていの場合、神棚は一種の棚であって、二枚の扉で閉じられた壁龕《ニッチ》である。ここに家長の守護霊《ゲニウス》（すなわち家長の守護神であるとともに、家長の神秘的存在の化身）が祀られている。タブリヌムの両側には通り路があり、家族の菜園《ホルトゥス》へ通じている。菜園では、農婦がみずから野菜を栽培する。囲繞地の名残りを示す柵（あるいは壁）に沿って、ほかにも小屋が並んでおり、中央部が空地となっていて、この空地は農耕に使用された。

（1）ラレス神は場所（家・農地・都市など）と関係がある神。ここでは家族の守護神〔訳註〕。
（2）ペナテス神は、元来、食糧の守護神であったが、家を守る神となった。通常、ラレス神を挟んで二体が祀られる〔訳註〕。

この種の農村の住宅は、家父長制に適しており、長いあいだ農村でほとんど形を変えずに農村の別荘《ウイツラ・ルスティカ》として存続した。しかし、この住宅は、ローマ市へ移されると、周囲がもっと閉じられた住宅となる。都市では、土地が限られ、高価だったからである。そして、ついに古典期ローマの住宅ができあがる。中央部の中庭は、通常の部屋の大きさ程度に縮小され、いわゆるローマの住宅の特徴とされるアトリウム（1）となった。アトリウムは、なんといっても天井吹き抜けの部屋であって、その周りにさまざまな部屋が配置された。吹き抜けとなっている空間は天窓《コンプルウイウム》と呼ばれる。雨が遮られないで落ちてくるからである。雨水は部屋の中央部の雨水だめ《イムプルウイウム》に集められる。通常、雨水だめは地下の貯水槽と繋がっていた。屋根に開口部をつくったため必要とされた雨水だめは、古期の農場で家畜が水を飲みに来た水溜りの名残りである。アトリウムの、雨水だめの四辺には、板石敷きの歩廊が設けられ、その各歩廊に面して居住や家事に使われる各種の部屋が設けられた。入り口近くには、使用人の小さな寝室や食料倉庫、ついで家族の最若年者の寝室、特別の部屋である、不動のタブリヌムが設けられた。

（1）アトリウムという言葉は、古典時代、「完備した家屋」を意味する場合もある（例＝フォルム・ロマヌムにある「ウエスタ女神官のアトリウム」）。初期キリスト教建築では、教会堂の前方にある「列柱廊に囲まれた方形の前庭」を指す（例＝ローマ郊外のサン・フォーリ・レ・ムーラ大聖堂のアトリウム）。一九六〇年代以降、大型建築の玄関ホールやコア部分に配置された「ガラス屋根から光が差し込む巨大な吹き抜け空間」もアトリウムと呼ばれる（例＝新宿NSビルのアトリウム）〔訳註〕。

このような住宅の変遷は、前述した図式が想定しているほど単純ではない。イタリアの特定の地域には、屋根の中央部に広口の煙突が付けられた長方形の「小屋」があったのかもしれない。古典時代のアトリウムは、この古期の住居が拡大されたものだと考える人もいる。この住居が各種の要素を集約するのに寄与し、都市の住宅史に影響を与えた可能性があるが、この種の住居だけが都市の住宅のモデルまたは祖型であったとは、とうてい考えられない。ローマの住宅建築史によると、都市の住宅は、農村の「藁葺きの家」を拡大したものではなく、農村の住宅を都市に適応させ、縮小したものである。

この住宅に置かれた調度品は、きわめて質素なものであった。おそらく刈り取った羊毛を直接地面に広げただけのベッド、女性・娘・女性使用人が家庭内で織った粗野な毛織物の掛け布団、三脚か四脚付きの甲板《こうはん》からなるテーブルなどである。調理には、炭を燃やす小さなコンロが使われた。これはモロッコからキクラデス諸島にいたる地中海周辺地域で今でも使われているコンロに似ている。テラコッタ製の簡単な容器であって、空気の吸込口となる穴が開いており、藁で編んだ団扇で煽って火を起こす。

この古期のコンロは、古代を通して、少なくとも低所得者層のあいだで使われており、後日、都市のアパートで火災が頻発する危険を招いた。イタリアの気候では本当に寒い日はさほど多くないので、つねに暖房を準備しておく必要はない。温暖でない時期も、中庭に火のついた火鉢をいくつか並べておくだけで、なんとか過ごすことができた。ずっとのち、奢侈が浸透し、快適さが追求されるようになってからも、イタリアの住宅では、浴室以外、ほとんど暖房されることはなかった。

家庭で使われる道具はテラコッタ製の器であった。地下に大量にある粘土を使って、通常、屋敷内で製作された。丸い皿、黒色か黒っぽい赤色の釉薬をかけたコップは、ほぼ同時期のアテネやコリントスの工房で作られた優美な器とは非常に異なっている。考古学の発掘で証明されているように、ギリシアの器は、確かに知られていないわけではなかったが、比較的珍しい品であった。紀元前五世紀初頭以降、ギリシアの器はさらに減少したようである。ラティウム地方は、王の専制から解放されると同時に、地中海貿易の大潮流から遠ざかったかのようである。銀器はまったく知られていなかったわけではないが、その使用はきわめて限られていた。農村の住宅で使われた唯一の銀製品は、食事のつど、食前に家族の神々に対して塩を数粒供えるのに使う塩入れであった。

日常の食べ物は、主として野菜の煮物であった。カトーによると、家庭の食卓にキャベツが出されることが多かった。菜園で栽培されているキャベツの品種は比較的多く、キャベツはあらゆる効能を持つと言われていた。消化促進剤であり、胃痛や頭痛の鎮静剤でもある。高熱にも有効であった（すでにマラリアが発生していたこの地方では、とくに貴重なレシピ）。そして、とくに値段が高いわけでもなかった。

味付けには、豚肉を少量混ぜた。樫《かし》の森は、農場の周りに放し飼いにされていた豚の群れの肥育に役立つ。耕作に重要であった牛は、厳粛な供犠のときに使う犠牲獣として取っておかれた。当時、内臓が生贄《いけにえ》台で使われると、供犠列席者が肉の部分を使って大饗宴を催した。しかし、このような余禄に与れるのは稀であった。味付けに使われたのは、通常、豚の脂身やハムだけである。チーズの製法も、家禽類の加工品も知られていない。家族の所有地内では自給自足の傾向があった。良き「家長」の理想は、売ることであり、けっして買わないことである。当然のことながら、食べ物についても、農機具についても同じである。冬期になると、日中には、使用人、主人自身やその子供も、轅《くびき》や鍬《くわ》を修理し、柳の枝で篩《ふるい》や籠《かご》を編んだ。このため、農地の縁に、わざわざ柳を植えていた。都市へ出かけるのは――政治集会や裁判に参加する以外――所有地の余剰生産物を市場へ出すときだけであった。

主人の周辺では、何人かの奴隷が暮らしている。戦争で捕まったが貧乏であるため身代金を払えなかった捕虜もいた。捕虜自身、サムニウム地方やウンブリア地方にある故郷の村落で、同じような貧しい生活をしていた。自由を失い、あらゆる面で主人に従属していたが、物質的には奴隷になるまえの状況とさほど変わらなかった。主人は、奴隷と同じように働き、奴隷のそばで耕作する。主人の食卓は奴隷と同じように質素であり、奴隷は役務を提供できるうちは解雇されず、労《いた》わられ、面倒を見てもらえる。そのあとは、カトーのような「良き家長」は、おそらく、穀潰しだと言って奴隷を売却したがる。しかし、このような残酷な勧告は、実際、何回聞き入れられただろうか。それどころか、共同生活をすることによって、最終的に主人と奴隷とのあいだには、ある種の親密な感情が醸成されたようである。家では多くの使用人が生まれる。それは、女性の奴隷と奴隷仲間の男性とのあいだに生まれた子である。主人の家族と親密な関係を持つ使用人も、何人かはいる。奴隷が一生農場で過ごすことも稀ではない。奴隷が農場に留まっているのは、法律上、身分の制約があるからだけではなかった。奴隷にとって、農場は居心地のよい場所であったからである。

＊＊＊

はるか昔から、ローマ人の普段着はトガであった〔追加図版Ⅱ④・⑤〕。生来自由人の市民はみなトガ

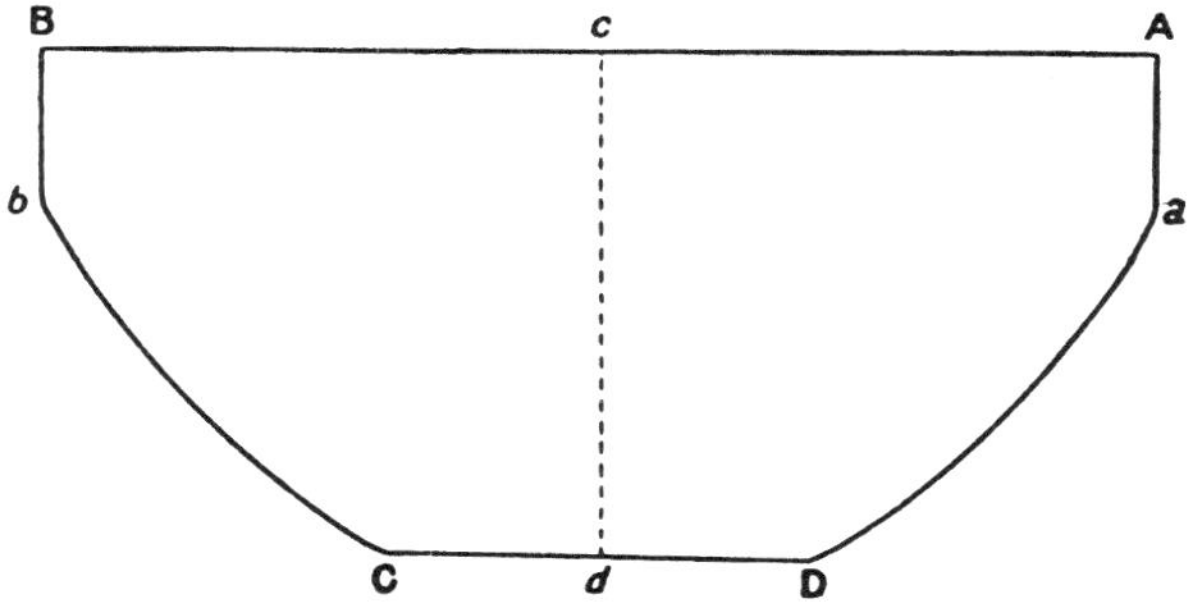

図２　共和政時代のトガの図

を着ていたし、もともと女性も男性と同じようにトガを着ていた。トガの色と飾りは年齢・地位・職務により異なるが、形状はすべて同じであった。普通、トガは羊毛の白布でできていた。政務官や、古期ローマの王（政務官たちがそれぞれ王の権限の一部を継承）は、布の縁に平行に緋色の条飾りを織り込んだトガを着る。これが条飾り付きのトガ《トガ・プラエテクスタ》である。十六歳までの子供もこれを着る。若者が成人用トガ《トガ・ウイリリス》を着るに際しては、家族内で宗教儀式が行なわれた。このトガを着ることは、成人年齢に達し、市民権を得たことを示した。

家族が喪に服していたり、親族または友人が死刑犯として告訴されていたりすると、男性は黒っぽい色（たいていの場合、黒色）のトガを着た。将軍は凱旋式に出るとき、刺繍を施したトガ《トガ・ピクタ》を着てカピトリウム神殿へ昇る。このトガは全体が緋色で、カピトリウム神殿に鎮座するユピテルが着ているトガと似ていた。歴史家は、この風習はロムルス時代に遡ると考える。事実、トガは、つねに複雑な象徴体系と関連した、まさに伝統的な国民服であったらしい。もともと、トガは正方形か帯状の布にすぎなかった。苛酷な天候から身体を護る必要がある気候のもとで暮らす民族なら、どの民族も衣服として使っていた布と似ている。ついで、この帯状の布はしだいに状況に適応していく。布を裁断することで、それほど粗野な感じがしないドレープがつくれるようになった。彫刻によって確認できる最古のトガは、ほぼ紀元前三世紀まで遡れるにすぎない。綿密に再構成することによって、布の形が辺を丸くした一種の台形であったことが証明されている（図二）。まず、長辺（AB）を左肩に置き、下端（Bb）を体の前で膝まで垂らす。左腕で布を支え、残った布を背中の方から右の脇の下を通す。Aaの部分が体を一回りして、左肩の上へ戻る。

このような服は、いかに見栄えよく、いかに気品があっても、きわめて使い勝手が悪いので、仕事をするときには脱ぎ捨てた。その場合、トゥニカ〔追加図版Ⅱ①〕だけを着た。トゥニカは帯状の布にすぎず、その中央に頭を通す穴が空いていた。二枚の布を水平方向に縫い付けるか、場合によっては、二枚の布を胴部といっしょに織ることによって袖をつくったが、この袖は肘までしかなかった。ベルトで胴部を締めると、簡単な「ブラウス」ができあがる。共和政時代の、畑を耕作する「農民兵」はこのトゥニカ姿で描かれている。トガを着るのは、政務官または軍指揮官へ就任するため召喚されたときだけである。

トゥニカは一種類しかなかったわけではない。緋色の条飾りが縦に二本付けられることもあった〔追加図版Ⅱ③〕。広い幅の条飾り《ラトゥス・クラウス》は元老院身分、狭い幅の条飾り《アングストゥス・クラウス》は騎士身分を示す。貧乏人や奴隷が着るトゥニカ（通常、奴隷にとって唯一の衣服）には、緋色の条飾りが付けられることはない。

トガやトゥニカは男性の衣服であり、形状やドレープが少々変更されたものの、帝政末期まで存続する。後述するように、ローマ人が日常生活で着ていたのは、使い勝手の良さから、ガリア人から借用したパエヌラ（一種のフード付きマント）〔追加図版Ⅱ⑨〕とブラカエ（一種の長ズボン）、さらにギリシア人が着ていたパッリウムであった〔追加図版Ⅱ⑥〕。しかし、トガやトゥニカも引き続き使われた。

これに反し、女性の衣服は、早くからもっと急速に変化する。共和政時代にはすでに、トガを着ているのは少女や教養豊かな遊女だけである。名門既婚婦人《マトローナ》は、トゥニカのうえにパッラというドレープ付きコートを羽織る〔追加図版Ⅲ③〕。これは、トガと違って、両肩を覆い、膝まで達する大型のショールにほかならない。女性は人前で頭に何かを被る風習があった。頭に何も被らないで人前に出るのは無作法と考えられていたからである。しかし、最初に奢侈が広まったとき、女性の衣服にもはっきりとその影響が現われた。後述するように、伝統的に地味であったパッラやトゥニカも、ただちに、生地の選び方、色彩の変更、宝飾類の使用によって、バランスをとった。トゥニカそのものも変化し、男性のトゥニカより、もっとゆったりとした服となった。共和政末期や帝政前期(1)の文献でストラ〔追加図版Ⅲ①〕と呼ばれているのは、この種のトゥニカである。

（1）ティベリウス帝からコンモドゥス帝までの時代（紀元一四年〜一九二年）〔訳註〕。

いずれにしても、初期のローマ市で衣服が地味で簡素なのは、外観を変えず、個人の気紛れに基づく革新を許すべきでない乱れと考え、細部まで規律正しいのをよしとする伝統主義的な国民精神を反映していることは明らかである。

遠き昔、ローマ人は、口ひげ・顎ひげ・頬ひげを生やし、長髪であった。女性の髪型は、正確なことは判らないが、きわめて簡素であった。たとえば、少女は、髪をうしろへもってきて、巻き髪を結い、ピンやリボンでとめることで満足していたようである。若い花嫁が婚礼時に結う髪型（本書三二〜三三頁に後述）は、おそらく、このような古き慣行の記憶をとどめたものであろう。

＊　＊　＊

歴史家は、いくつかの逸話を得意げに語ることで、家族が神聖なものであることを強調する。あらゆる権限を一手に掌握していたのは、父親である。生存中は子供に対して生殺与奪の権を握り、みずからの意志で一方的に妻を離婚でき、家族会議の意見を聞いたあと妻を殺すことさえできる。青年は公の裁判官によって無罪とされても、なお父親の決定を念頭においておかねばならない。父親の決定のほうが厳しいことがあったからである。父親の残忍さを示す最も有名な例としては、ローマを解放したブルートゥス〔共和政初代執政官L・ユニウス・ブルートゥス〕の例がある。彼の息子は新たに樹立された共和政に反対する陰謀を企んだ。執政官ブルートゥスは、みずからの眼前で他の陰謀者と同じように息子を処刑させた。すなわち、棒で殴り殺し、斧で止《とど》めを刺させた。

しかし、このように極端に厳格なのは例外であった。実際には、家族内部の規律は、青年に年長者に対し敬意を払わせる効果を持っていたにすぎない。青年は年長者を敬うことを嫌がらない。元老院では、長幼の序が厳格に守られている。最初に意見を述べるのは、最高の地位にいる最古参の政務官であり、通常、その他の人もその意見に従う。この点で、ローマは老人支配制と見えることがある。

家族のなかでは、法律上、女性は未成年者のごとき存在と見なされていて、父権から夫権へ引き渡され、寡婦となると、長男の権限に引き渡されて、献身・服従・労働の生活をする、と考えられていた。しかし、自由人の女性はどんな仕事もするわけではなかった。下賤な仕事は召使いが行なった。女主人自身は、糸を紡ぎ、機《はた》を織る。これは、伝説がサビニ人女性誘拐(1)のときに始まったとしている一種の慣習である。ローマ人に誘拐されたサビニ人の娘たちは、夫の家庭で大切に扱われ、羊毛を紡ぎ織ること以外の仕事はしないという条件で、みずからの運命を承認していたからである。したがって、風俗は法律が定める理論上の状況とは随分異なっていたと思われる。実のところ、家族の母である妻は敬われており、畏敬されていることも多い。女主人として、召使い・娘・嫁を采配する。宗教上の特権を持っていて、完全に独立の立場で幼児の教育を指揮する。夫はとかく妻の意見を聞く。妻は夫に夢や直感を語る。夢や直感は予言であり、縁起を担ぐ夫の行動に影響を及ぼす。一年の、決められたある日、ローマの女性は最高神祇官(2)の邸宅に集まり、完全に男性に姿を見られない場所で、ボナ・デア〔女性だけが祀るローマの地母神〕の秘儀を行なう。ローマ市守護のためには、この秘儀の継続がきわめて重要であった。これらの理由から、法律上の女性の隷属状態については、あまり早急な結論を出すべきではなかろう。このように家族に高尚な役割を与えている文明では、実際には、文明が法律で女性から取りあげたものを女性に返さざるをえない。女性の置かれた状況に、かつての母系制の痕跡を認めることができると考えられたこともあった。エトルリア社会には母系制があったのかもしれない。印欧語族の移住者（ラテン民族の基層を構成）は、母系制と縁がなかったが、彼らがイタリアの地で出会った「地中海」人種は母系制を採用していた。おそらく、ラテン人は正式には母系制を採用しなかったのだろう。しかし、ラテン人が同盟を締結したり、ラテン人が諸々の都市やある時期隷属させた民族とさまざまな形で接触することによって、家庭生活の概念が大幅に修正されたことは確かである。

（1）ロムルスの時代、ローマ市では女性の数が不足していた。そこで、ローマの男性が、大競技場で行なわれた祭礼競技に参加したサビニ人女性を誘拐し、妻としたという伝説〔訳註〕。

（2）神祇官とは、国家の祭祀の指揮、私的祭祀の監督、伝統の維持、暦の作成などを担当した神官。前四世紀末までは、法律や訴訟手続をも秘密裡に管理した。当初三人、カエサルの頃は一六人いた。最高神祇官は、神祇官によって互選された神祇官の長で、終身官であり、フラーメン神官やウェスタ女神官を選任し、コンファッレアティオ式結婚（三三頁の注参照）に立ち会った〔訳註〕。

ローマ人は、妻が犯す最大の罪は不貞であると考え、不貞を死罪に処した。妻の過ちは道徳的過ちではなく――男性は何の恥も感じずに、身分卑しい他のパートナー（召使い、娼婦）を見つけることができた――宗教的過ちであった。確かに、不貞は家族の神々に対する欺瞞的行為である。不貞によって生まれた子は、参加資格のない宗教的共同体にこっそりと参加する「よそ者」である。不貞は、社会秩序に対する犯罪であり、都市の存在そのものを危機に陥れ、都市を都市の神々から引き裂き、正常な宗教活動を歪める犯罪である。したがって、法律上、宗教サークルに組み入れられていない奴隷や未婚の解放奴隷は、みずから自由に身を処することができる。彼女らの行動を非難する者は、誰もいない。だが、名門既婚夫人《マトローナ》や氏族の娘は、けっしてそのような振る舞いはできない。

もともと、法律で認められた結婚を契約できる権利を有していたのは、貴族の家族のメンバーだけである。この結婚は厳粛な形で執り行なわれた。結婚式は、主として新婦を嫁ぎ先の家族の神々に紹介するためのものである。その決定的瞬間は、吉凶を占ったあと、家の神棚の前で行なわれた一種の聖餐である。神棚には小麦〔ファール麦〕の菓子が供えられている。既婚の、それも離婚経験のない付添いの婦人《プローヌバ》が新婚夫婦に手を合わさせる。最高神祇官、「ユピテルの大フラーメン神官」(1)が一〇人の証人とともに結婚式に立ち会う。この結婚には風変わりな儀礼が伴った。新郎の友人や新婦の友達が行列をつくり、交代で嫁入りの祝い歌を歌う。この歌には揶揄や卑猥な質問が入っている。花嫁は特別の服を着る。トゥニカ・レクタ、すなわち、織工が立位で竪機《たてばた》を使って織ったトゥニカである。このように古期の技術で織ったトゥニカは、縁起が良いとされていた。このため、このトゥニカは成人用トガの着衣式でも使われた。結婚式の前日、新婦はトゥニカ・レクタを着、一晩中身に着けたままでいる。朝になると、新婦は特別の儀式に則って髪を結った。剣先を使って髪の毛を分け、三つ編み髪を六本編んで、頭の周りへもっていき、羊毛の細紐で結う。おそらくピンか櫛で髪全体を固定した。しかし、新婦は頭に黄色のヴェール（フランメウム）を被って、ようやく身支度が完了した。このヴェールは、たっぷりとしていて長く、女性のコートのパッラと似ていて、軽く透き通った布でできていた。このヴェールは縁起の良い服であると考えられていた。フラーメン神官の妻はこのヴェールを被っており、夫から一方的に離縁されることはなかったから、そう考えられたのである。

（1）フラーメン神官とは、最高神祇官が特定の神の祭祀を行なうため任命した一五人の神官。そのうち、ユピテル、マルス、クィリヌスに仕えたフラーメン神官は格上であり、大フラーメン神官（フラーメン・マヨル）と呼ばれた〔訳註〕。

夕方、花嫁は、母の手から奪われ、松明が先導する行列に導かれて、花婿の家へ向かう。この儀式のために、花や葉で飾られた敷居を跨ぐとき、花嫁が奪われた――サビニ人女性の誘拐に由来すると言われている――が、おそらく、新婦が敷居で躓《つまず》けば、新居入りの縁起が悪くなるのを避けるためであった可能性のほうが高い(1)。

（1）ここに述べられた結婚は、コンファッレアティオ式結婚と呼ばれる〔訳註〕。

＊＊＊

ギリシア同様、ローマでも、死者の埋葬は神聖な義務であった。死体を墓所に葬らないと、死者の魂は、休息する場がなくて放浪し、生者に対し実害をもたらす。この「鎮魂されていない」魂が悪事をしでかすからである。ローマ人は、火葬と土葬という二つの主要な埋葬方式を同時に採用していた。もともと火葬が最もよく使われた方式であったが、死者を土葬し、絶対に火葬に付さない風習を持つ家族もいた。

死亡が確認されると、長男が父の目を閉じ、最後に父の名を呼ぶ。ついで、遺体を清め、着飾りを付け、トガを着せて、花や葉飾りで囲まれたアトリウム内の遺体安置所に置く。数日間、フルート奏者や泣き女が葬送の音楽を聴かせる。ついで、ときが来れば、行列がつくられ、遺体を市壁の外へ送り出す。そこには薪が積まれていた。もともと葬式は夜間に行なわれたようである。しかし、かなり早い時期から、午前中に行なわれるようになった。楽人や泣き女のうしろから、死者の生前の生活を表現したものを掲げる人たちが行進した。軍隊の指揮官であったなら、彼の勝利や遠征が想い起こされた。また貴族の葬列には、死者の祖先に似せたマスクを被った被護者《クリエンテス》や役者がいた。その結果、死者の祖先が子孫を歓迎するため戻ってきたのかと思われた。この「肖像権」(1)を持っていたのは貴族だけである。そして遺体が到来する。遺体は担架の上に置かれ、顔を露《あらわ》にしている。そのうしろには、親戚縁者や友人が続く。男性は黒っぽい色のトガを着ており、女性の髪の毛は解《ほど》け、乱れていた。貴族の葬式では、血統上死者に最も近い親戚の者が、フォルム・ロマヌムで死者に対し弔辞を述べた。

(1) 肖像権(ユース・イマギヌム)とは、死者にできるかぎり忠実な肖像を制作できる権利で、貴族のみに許された。アトリウムにある神棚には、蠟で作られたデスマスクや肖像画が保管された〔訳註〕。

最後に、薪の山が築かれたところに着き、薪の上の香や供物の真中に遺体を安置する。親類縁者は、すべてが燃え尽くすまで薪の近くにいることになっていた。ついで、熱い灰のなかから炭化した骨を拾う。それをワインで洗ってから骨壺に入れ、墓に納めた。

墓の形は各種各様であった。古期ローマでは、墓は竪穴か地下の部屋でできていた。徐々に別の風習が導入される。骨壺が置かれた場所のうえに記念建造物が造られる。円錐形かピラミッド状の塚とか、死者の胸像が上部に置かれた墓が造られた。紀元前四世紀と紀元前三世紀の墓は、スキピオ家の墓所のように、フレスコ画で装飾された、まさに地下の住居であった。貧乏人は、当初、共同溝に埋葬されていたが、ついに生前から大集合墓に墓所を確保することになった。大集合墓は、骨壺一個に壁龕《ニッチ》を一つ充てており、その結果、全体は鳩舎の観を呈していた。それゆえ、この大集合墓はコルムバリウム〔原義・鳩舎〕と呼ばれた。ローマ市壁の内側に埋葬することは法律で禁止されていたので、墳墓は市壁のそとに造られ、ごく自然な感情から、できるだけ多くの人に見てもらえる場所に建造しようとした。したがって、都市の出口の道路は地下数層に及ぶ大集合墓で一杯になっていた。こんにちなお、ローマではアッピウス街道、とくにオスティアやポンペイでは市壁近くの道路に、さまざまな葬送の記念建造物が残っている。各建造物には一定の区画が設けられ、境界には墓標が立てられていることが多く、「この建造物を相続財産から除く」〔参考：『ラテン碑文集成』第一巻、第二分冊一三二八番〕と付記されている。したがって、ローマ人は用心深く細心の注意を払い、あらゆる法律的手段に訴えて、死者の最後の住居を永遠のものにしようとしていた。

第二章　前二世紀の精神・文化革命

数世紀に及ぶ伝統によって確立されたローマ人の生活の大きなリズムは、ローマがイタリア半島全体の支配者となる時代——第一次ポエニ戦争が終結した前三世紀なかば過ぎ——まで大きく変わらなかった。おそらく、支配階級のローマ人は、もはやほとんど畑で働くことはなかったようだ。畑仕事は、奴隷、あるいは労賃を払う日雇い労働者に任せられた。農場経営は、ほとんど一年中、奴隷身分の農場管理者《ウイリクス》に委ねられる。農場管理者は主人の代理人であり、家族の神々の前でも代理人である。家長の名でラレス神に対し供犠を行なう。土地を整備し、家畜の世話をする責任者でもある。しかし、主人は公務や軍役で遠隔地に引きとめられる。主人はこのように領地を留守にすることで悩むことがきわめて多かった。アフリカ遠征の指揮官レグルス(1)は、元老院に対し、しきりに後任の任命を要請する。農場管理者の死亡によって後任として雇った自由人身分の農民が、家畜を引き連れて逃亡してしまったからである。領地が危機に見舞われ、レグルスは妻子が一文なしになるのではないかと危惧する。しかし、元老院は申請された賜暇を認めなかった。蒙った損害を国家の負担で補償する措置が講じられ、レグルスはアフリカに留まることになった。

（1）M・アティリウス・レグルス。ローマの将軍兼政治家（紀元前二六七年と紀元前二五六年の執政官）。第一次ポエニ戦争中の紀元前二五五年、カルタゴで捕虜となる。後日、カルタゴは、和平交渉のため彼をローマへ帰還させる。彼は元老院でカルタゴの和平条件を呑まないよう説得したあと、カルタゴへ戻り、拷問を受けて死亡したと伝えられる。

もちろん、この事例は例外ではない。三世紀末でも、カトーは二つの戦争の合間にトゥスクルム（現フラスカーティ）へ戻り、みずからの所領で暮らしている。しかし、やがて政府高官はローマ市に居を構え、そこで生活しなければならなくなる。元老院議員は、ますます頻繁に開かれる元老院議事堂《クリア》での集会に出席しなければならない。戦争の遂行、征服した都市の統治には、ますます多くの人手が必要である。大半の貴族にとっては、農村における生活はもはや手の届かない理想にすぎなかった。

「故郷と縁が切れた」支配階級の周辺に、都市の平民が形成される。平民は農村生活と何の繋がりもない。出自はさまざまである。たとえば、解放してくれた氏族の「被護者《クリエンテス》」として認められた元奴隷やその親族、移住してきた職人、ローマによる征服で財産を失い、やがてハンニバルの侵入で故郷の都市を追いだされたイタリア人、絶え間ない戦争によって軍務以外の仕事をする能力を失った退役兵である。これら平民によって、ローマ市の人口が増加する。徐々にではあるが、ローマ市に適合した日常生活が形成される。

ローマ市の住民は、農村の住民と同じように、早起きであった。夏でも冬でも、曙光が射しはじめると、ただちに活動を開始する。朝食では、パン・牛乳・チーズといった冷たい軽食をとる。すでにアトリウムでは、主人に挨拶し、さまざまな用件を依頼しに伺候した被護者がひしめき合っている。確かに、もともと法律上、被護者は裁判所に出廷できないので、主人が被護者の代理人となった。あとで主人は被護者を扶助し、自分の権威《アウクトリタス》（都市における影響力）を行使して援助しつづけた。ついで、元老院議員は自分に随行する被護者を伴い、フォルム・ロマヌムや元老院議事堂へ出かけた。そこでは、現任の政務官であるならば、裁判官になったり、裁判官の前に出頭する友人を助けるため証人となることがあった。元老院が開催されれば、討議にも参加する。討議は日暮れまで続き、法律の定めにより、日没で中断されることもある。ローマ人は、できれば正午頃自宅へ戻り、二食目の軽食である昼食《プランディウム》をとった。昼食は温かい料理でできていたが、いつも質素であって、たいていの場合、ワインを飲まなかったようである。

盛夏には、おそらく暑い時間帯を短い昼寝に充てた。一日は日の出とともに始まるので、なおさら昼寝が必要であった。急ぎの用事がないと、夕暮まで、残った時間をフォルム・ロマヌムか「マルスの野」でお喋りをして過ごす。最後に、主たる食事、つまり晩餐《ケナ》の時間がくる。晩餐はすっかり夜の帳《とばり》が下りてから始まる。空がまだ少し明るいとき、本気で食卓に就くのは、放埓な生活の兆候と考えられていたのかもしれない。

ローマ人の晩餐に関する風習は、おそらくエトルリアに由来するものであろう。晩餐では、食事用の臥台《がだい》上に横臥《おうが》し、寝転んで食事をとる。三人の会食者が同じ臥台に席をとる。これは記念建造物に描かれた像や文献でお馴染みの姿であるが、ローマ人自身、何のためらいもなく採用したのではない。女性は晩餐には姿を見せないが、食事をするとき座っているし、子供がいるときは——それ自体珍しいが——座っている、という事実があるからである。通常、食堂では、長方形の三辺に置かれた三台の臥台上に三人ずつ、会食者九人が横臥する。このため、食堂はトリクリニウム〔原義は「三台の臥台」〕と呼ばれた。この古典的方式は、共和政末期、おそらく東方からの影響によって変更され、しだいに半円形臥台《スティバディウム》が使われ、会食者はこのソファーに並んで横臥するようになる。古典的方式の食堂では、中座の臥台の右端〔テーブルに向かって、以下同じ〕にある席が、主賓席である。ホストが会食を主宰するのは下座の臥台〔中座の臥台の右側〕の左端の席である。[1] 招待客は、地位に応じ、上座の臥台〔中座の臥台の左側〕と下座の臥台（中座の臥台の右側）にも席をとる。会食者全員のまえには小さなテーブルが置かれていて、給仕が次々と各種の器に盛りつけられた料理を出す。通常、ナイフやフォークは使わない。液状の料理には、匙——それも平べったい大匙——だけを使う。肉は刻んで出され、めいめいが食べたい塊を指で摘みとる。ナプキンの使用は普及している。給仕の合間には、奴隷が来て、水差しを使って会食者の指を洗う。他の奴隷がコップを回わさせて、ワインを注ぐ。臥台の周辺では、給仕がつねに黙々と往き来していて、各会食者の好みを知ろうと気を配っている。

（1）原著では「その席」となっているが、訂正した〔訳註〕。

通常、晩餐は三つのコースで構成されている。最初のコース「前菜」は、共和政の最後の世紀になって現われた。卵、冷魚、サラダ、各種の珍味（普通は塩味）で構成されている。前菜と一緒に蜂蜜入りの甘いワインが飲まれる。ついで、「主菜」が出された。肉、とくに鹿・猪・家禽の肉である。とくに美味なのは海魚の料理である。魚は遥か遠方から運ばれてきた。しかし、しだいに、金持ちの地主は、敷地内、とくに海岸や農村の別荘に、大きな養魚場を造りはじめる。そこで魚を飼育して、みずからの食卓のニーズを満たすだけでなく、外販も行なう。同様に、紀元前一世紀の初頭以来、ローマ周辺のほぼいたるところで、狩猟用動物の飼育施設が出現する。猪・鹿・ダマ鹿が放し飼いされ、手が届くところにいるかのようであった。また、クリネズミ、さらに、肉が大変珍重されたリスやオオヤマネコも同様であった。ウァッロは、この種の飼育場に言及しており、川辺に飼鳥園があり、まだなかば野性段階の鵞鳥《がちょう》や鴨、アオサギやコウノトリも飼育されていたことを教えている。飼鳥園では、東方から輸入され、気候に順化したばかりのホロホロ鳥・クジャク・キジも飼われていた。最後に述べておくが、どんな農村の別荘にも、鳩小屋や家禽飼育場があった。

晩餐の三番目のコースは「デザート」である。当時、果物や菓子が出された。イタリアでは、いつも果物が豊富であった。リンゴ・梨・プラム・イチジク・アーモンド・クルミ・栗のような地場の果物があった。東方より輸入されたものもある。サクランボは、ルクッルスが持ち帰ったものである。彼は有名な美食家であり、ミトリダテス王に勝利を収めた偉大な征服者であるが、この戦争中にサクランボの木を知り、帰国後、それを自分の家の庭に挿し木して、繁殖させた。同様に、桃もペルシア原産であるが、イタリアに普及した経緯は定かではない。桃はすでにローマ人に知られており、好評を博していた。ザクロやナツメヤシの実は、帝政初期になってようやく出現した。地中海世界全体がローマの商圏に入ったときのことである。オレンジやレモンも同じで、アウグストゥス帝と同時代のフレスコ画に初めてその絵が描かれた。イタリアはオレンジの特産地でなかった時期があった。しかし、つねにブドウの特産地であった。古代の歴史家によると、ある要人は、ローマ人が占拠したどの土地にも果樹園とブドウ畑があると指摘した、と言われている。こんにちでも、ローマ郊外ではどこの庭にもブドウ棚がある。現在でも、古代同様、ティヴォリ、フラスカーティ、ヴェレットリのブドウ畑は有名である。同じように、カンパニア地方のファレルノ〔ポッツォリ近郊〕とマシッコ山の特産ワインもその名声を維持している。これらの、酷《こく》や度の強いワインは、テラコッタ製のアンフォラ〔追加図版Ⅳ⑥〕に保存され、アンフォラの首は粘土で入念に密閉された。ラベルには、製造年の執政官の名前が刻まれていた。その結果、オピミウスが執政官であった年（前一二一年）[1]は良質のワインで永遠に有名な年とされている。

（1）原著では「紀元前一二二年」となっているが、訂正した〔訳註〕。

このようなワインは、生《き》では飲まれなかった。ギリシア語で「クラテール」（まさに「混合用の器」の意）〔追加図版Ⅳ⑤〕という大きな器を使って、水でワインを割った。特産ワインには、海水と混ぜてはじめて真価が認められるワインもあった――こんにちではこのような配合は奇異に思われる。つまり、ギリシア起源の風習が定着したのである。会食者は食後に飲みはじめる。「饗宴の王」を選び、「饗宴の王」は、勝手に会食者それぞれが飲むワインの杯数や品質を定めた。話し好きの人たちが好んだひとときである。穏和な性格の人が「饗宴の王」となると、宵のパーティーでは、歓談や上品な娯楽（距骨（きょ

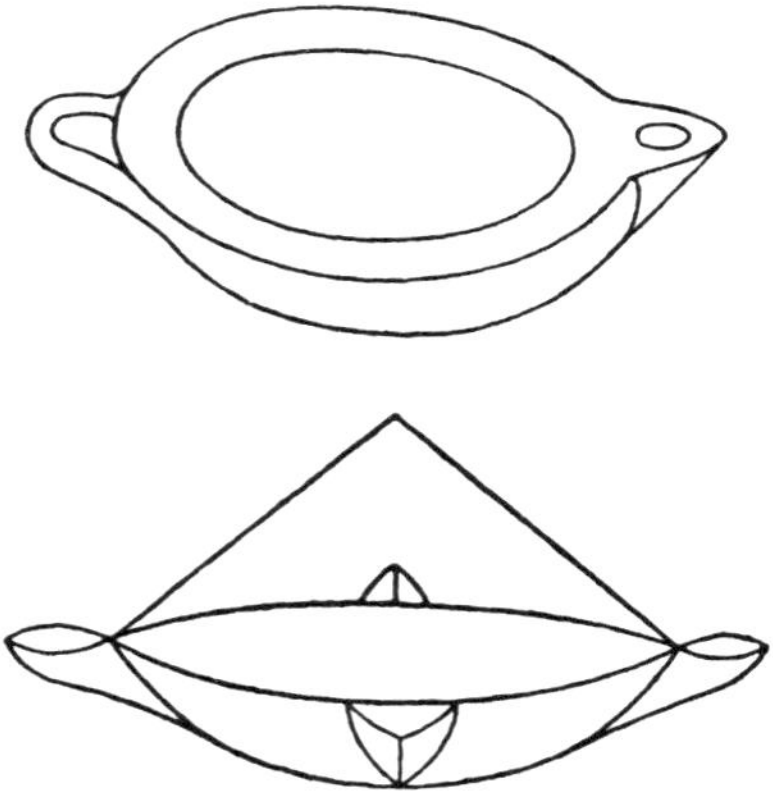

図3　ローマのランプ

こつ）遊び[1]、大道芸人の寸劇、フルート奏者の伴奏による歌唱）を楽しむ。祝祭日の大宴会では、会食者は典型的な俗歌「宴会の歌」を聞くのを好む。この歌では、父祖の徳や武勲が賞め称えられている。しかし、「饗宴の王」が酒豪ならば、会食者は熱気に包まれる。距骨遊びは子供の遊びと考えられていて、賽子《さいころ》——これは法律違反——が要求される。そして大金の賭けに興じ、喧嘩が始まり、全員が溺酔するなか、お開きになり、会食者はそれぞれ奴隷の腕に抱えられて、やっとのことで帰宅する。

（1）羊、山羊などの距骨または、その模造品を使う、主として子供の遊び。四面に目（I、III、IV、VI）が記された距骨を四個投げて出た目の合計を競ったり、八個の距骨を空中に投げ、手の甲で受け止めた個数を競ったりなど、種々な遊び方があった〔訳註〕。

当然のことながら、毎日がこのような豪勢な晩餐で終わったわけではない。家族内での夕食は比較的質素なことが多かった。祝祭日の食事の行き過ぎは、祝祭日以外の日の食事が控え目なものであったことを示している。人びとは早寝であった。照明は弱い。蜜蠟か獣脂のローソクが使われ、きわめて豊かなブルジョアの家では、繊維の灯芯でオリーブ油を燃やすランプが使われた。たいていの場合、このランプはテラコッタ製である。ランプは殻斗《かくと》の形をしていて、灯芯を通す火口《ほくち》が付けられている（図三）。数個の火口が付いた青銅製ランプもある。このランプを鎖によって枝付きの大燭台に吊りさげ、多数の炎が輝くと、まさにシャンデリアである。しかし、油ランプの光度では、その数を増やしても、照明はそれほど明るくならない。この光では、夕食をしたり、家事をしたりすることはできても、読み書きをすると、非常に目が疲れる。ローマ人はこれを気にしなかったので、眼病を患うことが多かった。したがって、一般的に言って早寝早起きであった。

＊＊＊

まずエトルリア地方（この地方は、とくに金属関係の職人で有名）、ついでカンパニア地方、やがてギリシア（とくにコリントス）の影響で、家具調度品が変化しはじめる。木材が青銅に代わる。たとえば、金持ちの家の食事用臥台は金属枠で作られ、細かな細工が施された脚が四脚付けられるようになる。革のベルトが網状に張られ、羽毛か羊毛で膨れたマットを支える。会食者はこのマットのうえに横臥する。木材で作った場合、銅や青銅の金具の装飾を付けた。食事用の臥台は就寝にも使われた。移動可能であり、一つの部屋から他の部屋へ動かすのは容易であった。住宅の間取りは、こんにちでは伝統的に寝室、食堂、居間《サロン》に区分されているが、当時、明確な区分はなかった。食堂のなかには、臥台二台をとり除いて、宴会に出された食べ物を片付けると、寝室に早変わりするものもあった。盛夏の寝苦しい晩には、臥台を涼しいアトリウムに置くことも珍しくはない。古代の家具の主たる特徴は、可動性であり、「互換性」である。

テーブルはほとんどが小型の円卓であり、通常、金属か象牙で作られた脚が一脚付けられている。甲板《こうはん》に使われた木材は、高価な木材、とくに北アフリカ〔マウレタニア〕の森林で採れたクロベが好まれた。共和政末期には、法外な価格のテーブルがあった。いつも例に出されるのが、キケロが五〇万セステルティウス（五〇〇万フランス・フラン！）〔一九九〇年現在、約九〇〇〇万円〕で購入したテーブルである。

四角形のテーブルもあり、種々の用途に使われていた。重い物を置くには、いつもこの種のテーブル

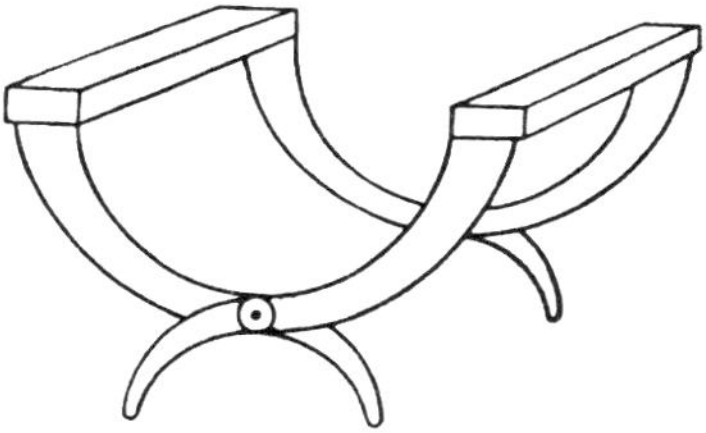

図４　高官椅子

が使われた。たとえば、食堂では、まさに食器台といってよい、このテーブルのうえに、クラテール、水差し、アンフォラが置かれた。移動可能なこのテーブルの周りでは、給仕が忙しく働いていた。

椅子は、食事用臥台を除くと、一般的にいって背もたれのない簡単な腰掛であった。X字型に交差した脚が付いたきわめて特徴ある椅子（図四）は、家庭の小道具ではなく、貴族出身者のみが就任できる政務官職を象徴するものであった。そのため、このような政務官職は「高官椅子に座れる政務官職」[1]と呼ばれた。

（1）高級政務官（マギストラトゥス・クルリス）とも呼ばれる。平時では執政官・監察官・法務官・高級按察官、非常時では独裁官・騎兵長官を指す〔訳註〕。

しかし、ギリシア流の贅沢趣味は、まず、日常の生活用品、とくにさまざまな形状の器をローマへ輸入することから始まった。前述したように、アッティカのコップ〔追加図版Ⅳ④〕は、おそらく前五世紀には知られていなかったわけではないだろう。しかし、前三世紀から銀製品が大量に流入してきて、普及する。古典的な形状のコップ以外のものでは、キュアトスがある〔追加図版Ⅳ①〕。これは深底のコップであって、その側面が象徴的なデザインの浮き彫りで装飾されているものが多い。この種のコップで最もよく知られているのが、ポンペイ近郊のボスコレアーレ出土の秘宝である。これらのコップの一つには、まさに「死の舞踏」(1)の図がくっきりと浮かびあがっている。舞踏を率いる骸骨は会食者を待ち受けている運命の姿であり、「人生のバラ」を摘み取れと唆《けしか》けているにちがいない。次に、大きな取っ手が二つ付いたスキュフォスや、もっと平たく、口がもっと広いパテラがある〔追加図版Ⅳ②・③〕。これらはすべて飲用の器である。クラテールからワインを汲むには、長い柄の付いた各種の柄杓があり、これにも細かな装飾が施されている。クラテールそのものにも、丸襞装飾とか、《ルドヴィージの大クラテール》の側面に生気を与えているバッコス〔バッカス〕やファウヌス〔ローマの牧神〕の踊りのような浮き彫りなど、さまざまな装飾が施されている。

(1)「死の舞踏」とは、あらゆる境遇の人を輪舞させた姿で描く死の寓話的表現のこと。中世美術の図像の一つとして有名〔訳註〕。

紀元前二世紀のおもな革新は、テラコッタ製の器が導入されたことである。この器は「サモス島の陶器」〔テッラ・シギッラータとも呼ばれる〕と呼ばれ、当初エーゲ海のギリシア人の工房で製作され、やがてイタリア人の職人が模倣した。この陶器には、もはやギリシア古典時代の陶器のように絵が描かれることはなく、ヘレニズム時代の金銀細工品を模倣した浮き彫りが施されている。その結果、ローマの最貧困層にも、高価な器を持っているという錯覚を起こさせた。この陶器の材質は粒子の細かい粘土であり、焼結させると著しく硬化し、題材の細部をきわめて精緻に表現することができた。直接型に入れるか、轆轤《ろくろ》で作った器に型を押しつけて、浮き彫りを付けた。装飾模様には、ヘレニズムの金銀装飾に馴染み深い、あらゆる種類のものがある。宴会または狩猟の情景、神話の情景、象徴的な彫像、家庭生活の情景である。「サモス島の陶器」は美しい赤色と光り輝く上薬《うわぐすり》によって流行し、紀元二、三世紀にいたるまで衰退しない。帝政初期、イタリアのアレティウム〔現アレッツオ〕の工房は、ガリアのルズ〔在クレルモン・フェラン近郊〕やラ・グロフザンク〔在アヴェイロン県ミロ近郊〕の工房に引き継がれる。こんにちでも、特徴ある浮き彫りが付いた赤色の陶器の破片が発見されると、間違いなく、その近くにローマの遺跡が存在する。

このような、家庭で使われた器の歴史は、きわめて明確に進歩を示す事例である。ギリシアから導入された様式は、当初、最上層の貴族に属する何人かのローマ人だけのものであった。やがて、この様式の安価な複製品が職人によって製作されるようになり、このような複製品をあまり金を持っていない人びとの手に届ける産業が生まれる。いわゆる贅沢の進行は、まさに装飾の民主化として現われることが多い。古代ギリシア世界では、装飾は数限られたエリートのものであったからである。

＊　＊　＊

紀元前二世紀初頭の大征服によって、ローマ人は全般的に豊かになった。このことはまず貨幣の変化から看取できる。貨幣としては、当初、刻印のない青銅のインゴットがあっただけである。価値は金属そのものの価値であり、重量に基づいて決定された。やがて、この最初の貨幣に変更が加えられ、鋳造の際、青銅のインゴットに模様が付される〔追加図版Ⅳ⑦〕。たいていの場合、金属の価値に相当する動物の模様が刻印された。正真正銘の貨幣（すなわち、一定の量目を持つ円形の青銅コイン）は、紀元前四世紀の、最後の三分の一世紀になって使用されはじめたとされる。裏面には舳先《へさき》の模様、表面には、コインの価値と量目に応じて異なる神の像が付けられた。事物の開始を司る神ヤヌスの像は、単位コインの一アス貨で使われた。この貨幣の量目はもともとローマの一リブラ（三〇〇グラムより少し軽い）[1]である。ユピテル神は$\frac{1}{2}$アス、ローマ女神（またはミネルウァ女神？）は$\frac{1}{3}$アス、半神ヘラクレスは$\frac{1}{4}$アス、メルクリウス神〔ヘルメス神〕は$\frac{1}{6}$アスの貨幣に刻印された。しかし、これらの貨幣は重くて不便であり、金属そのものの価値を表わしているだけで、日常の取引で使うには不適当であった。青銅のグラム当たりの価値は下落する。ローマでは、もっと高価な金属が知られていた。第一次ポエニ戦争勃発〔紀元前二六四年〕の少し前、銀貨の鋳造が必要とされた。もっとも、イタリア南部の都市で行なわれていた貨幣鋳造を模倣しただけである。当時確立されていた体系では、三種類のコインがあった。基準はリブラのままであったが、今度は、青銅のリブラではなく、銀のリブラである。最も高価なコインはデナリウス貨[2]で、その価値は銀$\frac{1}{72}$リブラ[3]〔四・五四八グラム〕であった。ついで半デナリウス貨〔クィナリウス貨〕、$\frac{1}{4}$デナリウス貨〔セステルティウス貨〕があり、後者は銀$\frac{1}{288}$リブラ[4]〔一・一三七グラム〕の価値を有した。すぐにセステルティウス貨が価値の単位となる。この単位は適当に価値が低く、それほど約数を必要としないだけでなく、適当に価値があって、日常生活での価格評価に便利であったからである。法外な金額になると、単位はたんなるセステルティウスではなく、どの貨幣記号からもかけ離れた抽象的価値、一〇万セステルティウスであった。

（1）ローマの一リブラは約三二七グラム。初期のアス貨には、量目が約二七二グラムのものなど、さまざまな重さのものがある。これは、重量単位がローマで使っていたものと異なっていたからだと考えられている〔訳註〕。

（2）デナリウス貨は一〇アスに相当する〔訳註〕。
（3）原文は「10/12リブラ」であるが、誤植である。ここでは、ローマ考古博物館（マッシモ宮）の展示説明で紀元前二一七年改定前のデナリウス銀貨の量目として説明されている値に訂正した。なお、近年、ローマが最初に銀貨を発行したのは、紀元前二一一年頃のこととされている。A・バーネット（G・ドゥペイロ訳）『共和政から帝政初期の古銭学』（一九八八年）四二頁〔訳註〕。
（4）原文は「2.5/12リブラ」であるが、注（3）と同じデータで訂正〔訳註〕。

ローマ人は、長いあいだ金貨を疑いの眼差しで眺めていた。金貨はあまりにも少量で、あまりにも莫大な価値を集める、と非難された。したがって、敗戦国の国民に対しては、銀貨による戦争賠償金の支払を求めた。金貨での決済を認めることは、好意の意志表示であった。紀元前三、二世紀を通じて、数回、金鉱の開発が禁止されたことがある。おそらく、金がとくに「頽廃をもたらす」金属と考えられたからであろう。おそらく、不動産の優越のうえに築かれていた社会の均衡を危殆に陥れるかもしれない動産が流入するのを減らすためであろう。地主貴族にとっては、商人が富裕すぎるのは危険であった。地主貴族は先祖伝来の土地を捨て、ますます、もっと収益を稼げる交易に従事しようとしていた。いずれにしても、当初、金貨を使うことは例外であった。ハンニバルの侵略に続いて発生した、きわめて深刻な軍事的・経済的危機のとき、やっと金貨が使用されるようになった。兵士の俸給や軍事物資代金の支払のため、神殿にあった貴重品がすべて駆り集められた。ついで、外国からの購入代金決済や、東方のように数世紀来金貨が使われていた地方での軍隊の俸給支給には、金貨を使わなければならなかった。単位コインはデナリウス金貨であり、量目・図柄ともデナリウス銀貨と同じであった。しかしながら、金貨がよく使われるようになるには、帝政初期を待たねばならない。

当然のことながら、ローマ貨幣の価値、すなわち、貨幣がどの程度の購買力を持っていたのか疑問を抱く。しかし、当然予想されることだが、貨幣価値は時代によりさまざまであった。異なる金属間の価値関係は一定でなかった。たとえば、青銅の価値は銀に対しつねに下落した。一般的にいって、銀貨の一セステルティウスは一九九〇年の一〇フランス・フラン〔約一八〇円〕と同程度の価値があったとされている。しかし、この等価関係は当てにならない。等価関係は、特定の時代にそれぞれのコインに使われた純粋な貴金属の量に依存するだけではなく、とくに貨幣の流通量にも依存するからである。ところが、共和政末期になると通貨が不足する。実際の富の量に応じて、貴金属の生産量が増えなかったからである。金利は高かった。したがって、やがて貸金業が経済活動のなかで特権的地位を占めるにいたる。個人の借金がますます重荷となる。「カティリーナの陰謀」[1]（紀元前六三年）は、中小地主が不満を募らせ、ますます不如意になっていたことに起因するところ大である。中小の地主は、こんにちでいう「金詰まり状態」になっていて、借金の帳消しを願っていたのである。広大な土地を経営する大地主だけが耐えることができた。逆説的に、動産の富の増加は、貨幣の相対的稀少化——あるいは少なくとも貨幣供給量の増加が不充分なこと——と相まって、結果として土地の集中化を招いた。当時、それまで最も大勢いて、実際にイタリアの都市や村落で勢力を保持していた小地主を犠牲にして、ラティフンディア〔農業経営用の広大な領地〕を所有する新しい階級が形成された。多数の奴隷を使用して、大土地経営が行なわれた。奴隷は自由人の労働者より安あがりであり、規律が正しい。奴隷の生産性は低いが、原価もきわめて低い。このような労働力を使って難しい耕作をすることは論外であるから、ますます家畜が増加する。かつての小麦の耕作地、かつてのブドウやオリーブの栽培地は入会地と化す。徐々に、資本主義的経済が過去数世紀間続いた手工業経済に代わったのである。

（1）カティリーナは、執政官の選挙に二度立候補して落選したため、暴力で政権を奪取する陰謀を企てた〔訳註〕。

しかし、このような経済集中の結果を推測することは容易である。自分の領地から追い出された小農民、仕事を持たない日雇労働者はローマ市へ流入し、都市の平民が増加する。平民の生計は日ごとに不安定になり、扶助制度を整備することが必要となる。ここでもまた、伝統が解決策を提供する。親分子分関係《クリエンテラ》に基づく古来の慣習から、保護者《パトロヌス》は自分と結びつきのある者の福祉に関して精神的に責任を負っていた。したがって、被護者《クリエンテス》はますます、朝方には貴族や富裕者の家に駆けつけ、施物《スポルトゥラ》を求めるようになる。保護者が、毎日、被護者の生活維持のため確保するのは、現物の贈物であった。

しかし、やがて問題は私的な扶助に依れる程度を逸脱する。いくつかのヘレニズム王国では、すでにこの問題が提起されていた。このモデルに基づいて、徐々に社会福祉そのものが制度化される。小麦・ワイン・オリーブ油が、安価に、ときには無償で配給された。したがって、すでに紀元前二世紀末から、帝政時代の平民の輪郭が見えはじめる。帝政時代の平民は、働かないで得た食糧で生活し、征服に参加したことがないのに帝国に寄生し、明日を心配することなく、すぐ血なまぐさい暴動を起こし、人気ある弁論家や扇動者の従順な手先となっていた。

＊＊＊

ローマの平民は、かつての農耕者兼戦士とはきわめて異質である。この平民について語るとき、当然のことながら、彼らが愛好した競技《ルディ》〔演劇も含む〕についても概観しておかねばならない。ギリシアの都市には劇場があった。劇場では、当初、特定の祝祭日に喜劇や悲劇が上演されていたが、上演回数が増えていき、たとえばタレントゥム〔現ターラント〕では、自由市の末期〔紀元前三世紀の始め〕、ついに演劇が上演されない日がほとんどないくらいであった。ローマ市では、いつも競技が開催されていた。しかし、競技はもともと神聖な儀式であり、細部まで決められた祭儀に則って神々を「楽しませる」ために行なわれるものであった。確かに人間は見世物の場に入ることが許されているが、見世物は本来人間のために催されるのではない。

最古の競技は、「大競技場」〔現チルコ・マッシモ〕で開催された戦車競技である。この戦車競技は王政時代から行なわれていたと考えられている。ロムルスの仲間がサビニ人女性を誘拐したのは戦車競技開催中のこととされているからである。特定の戦車競技が終わると、勝ち馬が供犠に供せられ、その馬の血は、大地と国民の豊穣を確保するために行なわれる清めの儀式に使われた。したがって、戦車競技そのものも、動物の生命力を鑑別し、供犠に供することによって共同体に最も効果をもたらす動物を選ぶことがおもな目的であった。そのうえ見世物も催された。

演劇の起源となった大行列も同じである。もともと、踊り子やミモス劇[1]の役者〔エトルリアの出身者もいた〕は、神々を喜ばせることと目的として一種の神聖な仮面音楽劇を演じ、祝祭日には、これらの神々の像を持って厳かに行進した。紀元前三世紀になると、ついにこの行列が変質し、まずパントマイム、ついで舞台劇そのものを行列から切り離す。このようにして悲劇と喜劇が生まれた。これらの舞台競技《ルディ・スカエニキ》

——他の競技と区別するためにこのように呼ばれる——は、ギリシアから大きな影響を受けた。詩人はギリシアの作品の模倣から始めたが、それでもイタリアやラテン固有の特徴をいくつか残していた。ローマ人は、このような公演を見ても、たんなる翻案作品を見るときのような違和感を覚えることはなかった。戯曲の作者は大筋で国民の伝統を継承していたからである。筆者の見るところ、悲劇（悲劇の作品で伝存するのは断片のみ）より遥かによく知られている喜劇において、とくに、その傾向が著しい。プラウトゥスのような作家の作品は、大道芸人の手本があったから生まれたことは間違いないだろう。大道芸人は、はるか昔から、それもローマ演劇誕生以前から、イタリア中部の小村を巡回していた。民衆は、ギリシア人の恰好をしているが、ローマの笑劇で馴染み深い人物を見つけては拍手喝采した。このような人物としては、意地悪なせむしの小男ドゥセヌス、口喧《やかま》しい老人パップス、丸々とした頬の美食家ブッコ、間抜けた台詞で聴衆を魅了する道化師の愚鈍な農民マックスがいた。しかし、ローマの大衆は、喜劇よりも、さらに文学的でない見世物を好んだので、大挙して劇場を退出して、熊使いや綱渡り師の興行を見に行くことがあった、と伝えられている。

（1）踊りやパントマイム主体の短い道化劇〔訳註〕。

共和政末期、まだ常設の劇場はなかった。儀式のつど、木材を用いて仮設の舞台や観客席が造られた。

理屈のうえでは、観客は立って観覧しなければならない。観客が座るのを認めることは、明らかにギリシアの都市を破滅に導いた惰弱を示すものであり、ローマ国家の偉大さを危殆に陥れるものであった。したがって、老いたローマ人にとっては、ポンペイウスが紀元前五五年に完成した最初の石造劇場の建造は、頽廃の兆しであった。必要に応じて建造され、取り壊される木造の劇場は、恒久的な劇場とそれほど異なるものではない、とは考えなかった。このような老人に対して恒久的な劇場の建設を認めさせるため、ポンペイウスは、この劇場が守護女神ウェヌス〔ヴィーナス〕を祀った神殿の付属施設にすぎない、と紹介しなければならなかった。

裕福な私人は、家族のメンバーの葬儀に際して舞台競技を催すことがあった。アエミリウス・パウッルス[1]の葬儀のとき上演された喜劇を見て、ショックを受けないようにしよう。なぜなら、葬儀で催された見世物の役割については前述したが、葬儀には生者だけでなく、冥界にいる祖先も参加したからである。葬儀の際に行なわれる競技は、公式の競技同様、宗教活動であり、儀礼の一つである。この儀礼では見物人個々人の感情はそれほど重要ではない。ローマ市で剣闘士の興行が行なわれるようになったのは、このような葬礼を通してであった。この風習は、まずカンパニア地方のものであったらしいが、エトルリアの影響を否定することはできない。当初は、おそらく、英雄の葬儀の際に戦争捕虜を供犠に供する、たんなる人身供御であったのだろう。ローマ市では、剣闘士の興行がこのように野蛮な形で行なわれたことはなかった。紀元前一〇五年以来、剣闘士は、公式の競技に登場した場合、二人ずつで戦い、正々堂々と互いに自分の運命を守ろうとした。負けたが勇敢に防戦した剣闘士は、民衆によって「赦される」ことがあった。民衆は剣闘が持つ、とくにスポーツとしての側面を理解しており、われわれほど恐怖を覚えることはなかったのである。

（1）L・アエミリウス・パウッルス・マケドニクス（前一八二年と前一六八年の執政官）。前一六八年ピュドナの戦いでマケドニア王ペルセウスを撃破、第三次マケドニア戦争を勝利に導いた。彼の葬儀で、テレンティウスの喜劇『兄弟』が演じられた〔訳註〕。

剣闘士は死刑宣告を受けた犯罪人から募集され、犯罪人は剣闘士になることで生き延びることができた。しかし、剣闘士を志願した者、追跡を免れようとする逃亡奴隷、零落した者からも募集された。きわめて熟練度の高い幸運な剣闘士のなかには、長年勤めあげて、引退が認められる者もいた。共和政末期、職業的扇動家集団であったミロー派やクロディウス派は剣闘士団を養成し、手下に組み入れて選挙戦に投入した。(1) 剣闘士は興行主《ラニスタ》によって養成され、興行主は競技を所管する政務官に剣闘士を貸与した。剣闘士は特別の養成所《ルドゥス》で訓練を受け、安逸な生活を送った。

（1）紀元前五七年、護民官ミローは、前年の護民官クロディウスと、追放中のキケロの召還に関して互いに武装集団を用いて争い、キケロ召還に成功した。その後も両者の抗争は続き、紀元前五二年、それぞれが執政官と法務官に立候補した際、ミローは、クロディウスを殺害した。そのため訴追され、キケロの弁護を受けたものの、ローマ退去を命じられた〔訳註〕。

剣闘士にはさまざまな型があり、使用する武器で区別された。庇の付いたヘルメット、長い楯、鎧《よろい》で重装備した剣闘士は「サムニウム型剣闘士」である。「トラキア型剣闘士」は丸い楯で防御し、剣で戦った。そのほか、レティアリウス型剣闘士〔網剣闘士〕は、鉛の重りの付いた大きな網と三叉の鉾《ほこ》だけで戦った。現在の投網のように網を投げて敵を身動きできないようにし、ついで漁師が鮪《まぐろ》に銛《もり》を打ち込むように、三叉の鉾で敵を突き刺した。

紀元前二世紀初頭以降、民衆を相手とする野獣の見世物も催される。闘い合うのは、もはや人間ではなく、野生動物である。ライオン同士の闘い、ライオンと豹あるいは牡牛との闘いである。しかし、やがて人間を野獣と対抗させた。アレーナ〔円形闘技場中央の闘技用空間〕で大規模な狩猟が行なわれる。野獣のほうへ駆り立てられる猟犬の群、矛や槍を持った猟師が登場する。競技を所管する政務官〔按察官〕は、民衆を喜ばせるため、新しい出し物を考案しようとしていた。たとえば、初めてに犀を登場させたのは、ポンペイウスである。ポエニ戦争以降、象はローマ人によく知られており、民衆は象の虐殺を見るのを嫌った。象は「なんだか人間に似ている」と考えていたからである。

下層民は異国情緒あふれる見世物や、血なまぐさい見世物を好んだ。下層民が暇なこと、そして無責任なこと、自分らの娯楽のため莫大な費用を投じてさまざまな見世物が開催されているという意識、これらすべてが下層民の楽しみを膨らませることになった。しかしながら、教養あるローマ人は義理で見世物を観覧しているにすぎなかった。主催者が政治家仲間や友人であったし、大衆が集まる集会では地位に相応しく振舞わなければならなかったからである。実際、教養人は見世物に飽きており、別荘で勉学に勤しむ孤独のほうを好んだ。

＊＊＊

まず直接ギリシアと接触し、マケドニアを征服して、ついで絶えずギリシアの都市や諸同盟に内政干渉し、紀元前一四六年にコリントスを破壊したあと、アカイア属州を設置したことによって、まさに精神革命が起こり、この革命がローマ人の日常生活に甚大な影響を及ぼした。古来の理想は、市民を国家に奉仕させ、私的生活を全面的に公的活動に従属させることにあったが、非功利主義的文化や精神に関する諸学問が知られると、この理想は問題視されることになった。それ以来、軍事訓練をするのと同じように、哲学書を読むことが不可欠と考えられる。公的な一日が終わると、自宅でくつろぎ、別の一日を始めるのが当然のことと思われた。夏の到来とともに、裁判は休廷になりはじめる。各人、避暑のため、海辺や丘陵地の別荘へ赴く。

このような生活習慣の変化は、急速に住宅建築に反映される。昔の農村の住居が狭くなり、狭隘な都市に適合していった過程についてはすでに触れた。いまや、まさにその正反対の動きが現われる。ポンペイに残る最古の住宅に、その貴重な証拠が残っている。まず、アトリウムが改良された。四本の梁を部屋の端から端まで架けて屋根を支える、かつてのトスカーナ風アトリウム――アトリウムの規模は最大梁一本が届く規模に限定される――に代って、天窓の四隅に四本の円柱を立てることが考案される。その結果、テトラステュロス〔「柱四本」の意〕式アトリウムが誕生した。荷重をうまく分散できるので、トスカーナ式アトリウムよりも広くすることが可能となった。次に、さらに大きな空間が必要とされるにつれ、円柱の数を増やし、四辺がまさに列柱廊となったコリントス式アトリウムが生まれた。この名称は、実際にこの様式が生まれた地方を指しているわけではないが、少なくとも、ローマ人の念頭に浮かんだギリシア建築との関連を反映している。当時生まれた第四のアトリウム、すなわちロドス式アトリウムも同様である。このロドス式アトリウムはコリント式アトリウムの一種にほかならない。アトリウムの一短辺（南側の短辺）側が三階になっていて、部屋を焼けつくような太陽の暑さから守る。

このような変遷をまえにすると、ヘレニズム時代の住宅が直接影響を及ぼしたことは間違いなかろう。アトリウムは、アトリウムというローマの名称を残しているものの、実際には、デロス島の住居として知られる住宅様式にある典型的なペリステュリウム(1)に置き換えられている。アトリウムとペリステュリウムが異なる唯一の点は、間取りではなくて、その機能にある。ギリシアの風習では、毎朝、被護者《クリエンテス》が伺候してくることも、ローマの政務官の一日で特徴となっていた大規模な公的パーティーが催されることもなかったので、ペリステュリウムは本質的にプライベートな性格を保持し、家庭生活の中心の場となっている。女性たちはこのペリステュリウムで暮らした。それに反して、アトリウムは、ローマ人にとって何にもまして「社交」の場であり、プライベートな生活が行なわれるのはアトリウム以外においてであった。このため、ポンペイでは、住宅が拡張され、従来からあるタブリヌムの奥に、かつて存在しなかった一連の部屋が設けられる傾向を確認することができる。いわば、公的な住宅に、プライベートな住宅が併設されたのである。このプライベートな住宅は完全に他と同じ住宅ではあるが、訪れてくる大勢の被護者《クリエンテス》や訪問客をそこへ招じ入れることはなかった。明らかに、この建築は日常生活に浸透しつつあった公的活動と閑暇《オティウム》（自分だけでいられる権利）の分離を象徴している。

（1）泉水・花壇をあしらった中庭を柱廊で囲み、その周囲に寝室・食堂（トリクリニウム）・広間などを配した家族の居住用空間（追加図版V）〔訳註〕。

ポンペイには、このような「併設」型の住宅の最も典型的な例が残っている。この種の住宅が出現しはじめるのは、ポンペイがローマの植民市となるよりずっと前のことである（植民市となったのは、独裁官スッラの時代（紀元前九〇～八〇年頃））。ローマでも同様の発展が認められることは確かであり、したがって、どの都市でも、ある程度まで同じような変化が起こっていたと結論できる。建築家は、農村の住宅の、かつて菜園（図一）があった場所に、二番目のアトリウム、むしろギリシア式のペリステュリウムを設ける（たとえば、パンサの家、図五〔追加図版V⑨〕）。住宅の基軸線上の、従来の住宅ならタブリヌムがあった位置に、大きな居間、とくに「広間」（ギリシア語でオイコス）が配置され、そこで私的なパーティーが開かれる。家族生活の中心の場でもある。かつてアトリウムの傍にあった台所は、ペリステュリウムの奥へ追いやられる。同様に、食堂もペリステュリウムの列柱廊に面して設けられた。列柱廊の真中には、アトリウム同様、大きな水槽が設けられていることが多い。あるいは、花や蔓《つる》植物が植えられ、蔓植物が円柱に纏わりついている。そこにはブドウ畑が設けられていることもある。苔《こけ》・羊歯《しだ》・アイリ

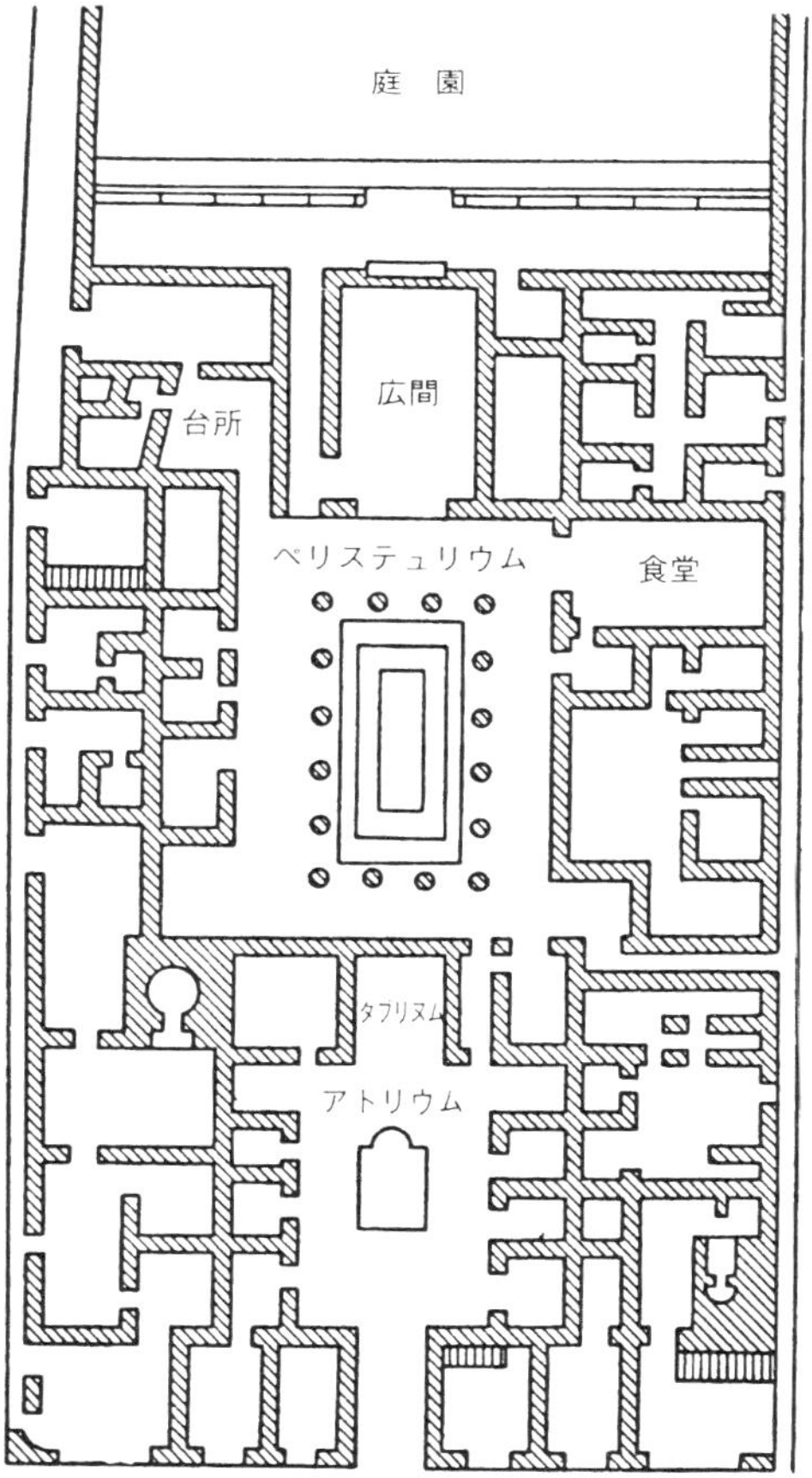

図5　ペリステュリウムのある住宅
（ポンペイの「パンサの家」）

スや湿気を好む植物がペリステュリウム[1]の水槽の周りを囲んでいることも珍しくない。プランターは、大理石や素焼きの板で土を固定していた。伝統的に簡素であった住宅が豪華になる。筆者の知るかぎり、ギリシアの住宅のペリステュリウムがこのように飾り立てられたことはなかった。贅沢が進行するなか、ローマ人が求めたのは、田園、この失われた楽園、を想起することであった。

(1) 原文は「アトリウム」となっているが、訂正〔訳註〕。

住宅で観賞用の庭園に充てられる空間は、ペリステュリウムの中央に残された空間だけではない。かつての菜園が消滅し、ペリステュリウムに変わっても、実際には庭園がもう一つできた。この庭園は「プライベートな住宅」の奥にあって、もはや野菜を栽培するのに使うことはない。広間からは列柱廊の幅だけ隔てて〔図五〕、月桂樹・キョウチクトウ・糸杉・プラタナスが植えられている。あちこちにファウヌス、バッコス、ニンフ〔山野・河川・樹木・洞窟などの精霊〕、プリアポス〔豊穣と庭園の神〕の像が立てられ、目に見えない自然の力や土地の守護霊の存在を想い起させている。神棚は礼拝室にあったものが、庭に移されていることが多い。家族の神を祀るために、小さな祠《ほこら》を造り、この祠が風景の構図の中心に据えられる。曲がりくねった道を通り、植栽を曲がったところで祠へいたる——ちょうど農村で鄙びた祠へ詣でるときのようである。ローマ人が造園技術を考案した、あるいは少なくともそれを蘇らせたのは、この頃のことである。ローマ人は、造園技術によって、ギリシアの造型様式と植物・花・川という現実に対する生来の趣味を結合し、自然に対する愛着を表現することに成功した。造園技術が飛躍的に発展を遂げるのは、ずっとのち、帝政初期以降のことである。しかし、共和政末期の数十年間に、すでに造園技術は生まれていた。造園技術が象徴する生活の概念、すなわち、自然は穀物や生物を生む力を持っているだけでなく、日常生活における愛すべき同伴者であるという考え方、このような後日開花する半芸術愛好精神が、カルタゴが滅亡した時代のローマ人にも瞥見できる。

庭園を持っていたことが確実視される最初のローマの大貴族は、ハンニバルに勝利を収めたP・コルネリウス・スキピオ〔大スキピオ〕[1]と、彼同様ギリシア文化を信奉していた彼の友人たちである。スキピオは、監察官カトーから政治上不当な追求を受けたあと、カンパニア地方のリテルヌム〔在マリーナ・ディ・ラルゴ・ディ・パトラ〕に隠棲した。そこに農村の邸宅を持っていた。スキピオは自発的に同地で一種の隠遁生活を送り、妻に対し、死亡したとき遺体をローマへ運ぶことを禁じた。ローマ人は彼に対して敬愛の情を抱いていたので、この別荘は保存され、約二世紀半が経過したあとも残されていた。そこをセネカが訪れ、かなり正確な描写を残している。その描写から受ける印象は、まずきわめて質素なことである。セネカはネロ時代の豪華な邸宅に慣れていたので、対カルタゴの勝者が質素に甘んじていたことを知り、驚愕した。この別荘は、いまだ半分以上、農家風である。石壁の背後に窮屈に建てられ、石壁の四隅には見張り塔が置かれている。海賊がかなり頻繁に来襲したので、見張り塔が必要であった。応接間は狭い。セネカが述べるところでは、とくに、プライベートな生活を送った部屋が狭い。なかでも、浴場は「奴隷なら、なんとか満足できる程度のものであった」〔セネカ『道徳書簡集』八六〕。しかし、住宅の周りには樹木の植わった大庭園があり、いたるところに豊かな緑があった。

（1）P・コルネリウス・スキピオ・アフリカヌス・マヨル（前二三六年～前一八四／三年、前二〇五年と前一九四年の執政官）。前二〇二年、ザマの戦いでカルタゴを撃破、第二次ポエニ戦争を終結させた〔訳註〕。

養子縁組によって大スキピオの孫となったスキピオ・アエミリアヌス[1]も、カンパニア地方に別荘を所有していた。同地で、疲れを癒し、危険を遁《のが》れて休息するため長時間海岸を散歩し、友人ラエリウスと子供のように貝殻を集めて楽しんだ。別荘や庭園は、すでにローマ市の暴政を遁れるための方便であった。スキピオ・アエミリアヌスは、青年時代、実父アエミリウス・パウッルスに従ってマケドニア王ペルセウスとの戦いに参加したことがある。したがって、ヘレニズム時代のどの王も所有していた大狩猟場へ行き、彼自身、そこで狩りをする機会があった。イタリア帰還の途中、自分の趣味で、当時までかなり蔑視され、田舎者のスポーツと考えられていた狩猟を楽しんでいたのである[2]。彼を真似て、多くの貴族の若者が狩りの供廻りを抱え、イタリアの山や森で鹿や猪を追いはじめた。そのとき以来、狩猟は、昔のギリシア同様、軍事訓練として行なわれるようになった。それゆえ、狩猟はローマで公認され、それまで「マルスの野」で実施され、とくに厳しい軍事訓練であったすべての「スポーツ」(軍団兵士が使う恐ろしい投槍(ピルム)を用いた槍投げ、重い鎧を着用し完全武装で行なう戦車競技、フェンシングのエペ競技、長距離の競歩)と同等と考えられた。これらのスポーツの息抜きに、最寒期でもテヴェレ川に飛び込んで泳ぐこともあった。

(1) P・コルネリウス・スキピオ・アエミリアヌス・アフリカヌス・ヌマンティクス(前一八五/四年〜前一二九年、前一四七年と前一三四年の執政官)。通称、小スキピオ。L・アエミリウス・パウッルス(五九頁訳注参照)の子で、大スキピオの子P・スキピオの養子。第三次ポエニ戦争の勝利(前一四六年)、イスパニアのヌマンティア戦の勝利(前一三三年)に貢献した〔訳註〕。

(2) J・エイマール『ローマの狩猟』(パリ、一九五一年)。

体育活動が、あらゆる実用目的から分離されはじめる。快適な自然環境で行なう単純な気晴らし、肉体を労わる元気な青年でいられる喜びにも、価値が認められる。しかし、ギリシア流の体育の訓練は、まだほとんど行なわれていない。この種の体育の普及には、次の時代を待たねばならない。砲丸投げ、戦車競技、細かな規則が定められた技芸のようにそれ自体が目的化していた訓練は——ギリシア化が遥かに進んでいたイタリア南部やカンパニア地方を除くと——少なくともローマでは、少々蔑視されている。しかし、ほどなく、ローマの若者も、体育場にいるアテネの青年と同じように、体育競技者の妙技に熱中する。

精神活動の活発化に伴い、ローマ人にとって、ローマ市の公務から解放された非功利的閑暇という概念が必要とされるようになった。キケロは、所有する別荘の一つで、近くの段丘に二本の遊歩道を造らせ、一本をリュケイオン、もう一本をアカデミアと名付けた。ところで、リュケイオンとアカデミアとは、それぞれアリストテレスやプラトンがアテネで教鞭をとった場所である。彼らが創立した学校はアテネに存続していて、ギリシア哲学やギリシア思想の最も活発な二大センターであった。庭園をこのように命名することによって、大雄弁家キケロは、ギリシアを愛好し、史上最も偉大な二人の哲学者を、自分の私生活——自分の閑暇、すなわち「勉学に勤しむ閑暇」——の師とすることを、明確に表明したのである。

庭園は休息の場であるが、お喋りや高尚な対話の場でもある。紀元前二世紀なかば以来、ギリシア人の「賢者」はローマへ行くことを覚えた。確かに、元老院はときどき何人かの賢者を追放しなければならないと考える。これらの賢者が所構わず熱心に教えるので、青年が魅了され、軍事訓練に本腰が入らなくなったからである。だが、元老院はこれらギリシアの教養人に影響を及ぼすことはできない。彼らは由緒ある家の一員となって、主人と親密な生活を送っており、夕方、公的な一日が終わると、主人の友人たちと会話を交わし、主人の子息――将来の元老院議員や政務官――に精神的なものに関する知識やそれを尊重すべきことを少しずつ教え込んでいた。このようにギリシアの教養人が殺到しはじめたのは、ペロポネンソス半島諸都市の反対派を完全に抑圧するという口実のもと、元老院がこれら諸都市のブルジョワの最有力者を大量に追放し、イタリアへ定住させた時代のことである。たとえば、ポリュビオスは、ローマのアエミリウス・パウッルスの邸宅へ遁れ、若きスキピオ・アエミリアヌス〔小スキピオ〕の精神形成に決定的影響を与えた。しだいに、有力な家は、贔屓《ひいき》の「哲学者」を抱えるにいたる。前世紀まで、一日中フォルム・ロマヌムで過ごしていたのが、いまや仕事に費やす時間が限られることになった。人びとは市民としての義務を終えると、急いで帰宅し、自宅のペリステュリウムで友人と談笑する。

当然のことながら、このような変化によって、女性の役割と重要性が増大した。女性はフォルム・ロマヌムや公的活動から排除されていたが、家庭内では重要な地位を占めていた。ローマの婦人はきわめて急速に教養をそなえ、洗練され、男性のエリートと肩を並べるようになった。古来の厳格という箍《たが》が外された。カトーは、監察官のとき〔紀元前一八四年〕、人前で妻を抱擁した罪を問われたローマ貴族を元老院から除名することができた――カトー自身、自分が妻にあからさまに優しくしたのは、嵐の際、妻が雷鳴や稲妻を怖れたときだけだ、と自負した。五〇年後、このような厳格さは時代遅れであった。

グラックス兄弟が護民官のころ（紀元前二世紀末）、数人の女性を中心として、まさに「サロン」というべきものが形成された。グラックス兄弟に対して実母コルネリアが与えた影響は、周知のとおりである。彼女は二人の知性・道徳面の教育を担当しており、彼らの政治的立場、少なくとも彼らの主義・主張は、そのほとんどが彼女の責任であった。三・四半世紀あとクロディアのサークルが生まれ、ローマの粋な若きすべての女性が集まり、才気煥発な男性や詩人も加わった。クロディアは、キケロが極度に嫌っていた護民官クロディウスの姉であり、ある時期キケロが少々好意を寄せていた女性であって、カトゥッルスが詠うところのレスビアである。彼女は教養豊かな、芸術家であり、伝統的な「名門既婚婦人《マトローナ》」と共通するところはない。生活態度は自由奔放である。彼女がテヴェレ川河畔の庭園で催した祝宴は、いくつかの醜聞とともに伝えられている。しかし、クロディアはたんに教養ある遊び女として行動するのではない。彼女は結婚していて、カトゥッルスやそのほかの人に対して弱みがあっても、やはり夫の政治家としての経歴にプラスになるよう行動した。終末期のローマ共和政を動揺させた多くの陰謀は、クロディアのサロンか、彼女のライバルのサロンに端を発したものである。ローマの女性は活動的で、我が強く、打算的で、金儲けに熱をあげており、もはや、しぶしぶ羊毛を紡ぎ織るようなことはしない。このようなことは過去のことであった。かつてのコンファッレアティオ式結婚[1]の儀式については前述したが、この方式による結婚はますます行なわれなくなった。簡単に離婚できないからである。この方式よりも厳格でない結婚方式が取ってかわる。かつて平民の結婚を合法化するため案出された、離婚を認めやすい方式が使われる。法律家が考えだしたのは、事実上、結婚した婦人に財産処分権を戻し、法定の後見人から解放する方法であった。女性はますます自立した存在となり、新しく得た権利を行使する。これまで、この時代ほど簡単に結婚し、離婚することはなかった。その結果、少なくとも貴族の家族では出生数が減少し、古い家柄の市民の数は世代を経るごとに減少し、解放奴隷がほぼどの地域（とくにギリシアや東方世界）からも来住し、増加した。アウグストゥスの政策目的の一つは、まさに往昔の風俗に回帰させることであった。しかし、これは空しい努力であろう。

（1）三三頁の注（1）〔訳註〕。

第三章　アウグストゥスの世紀

共和政の終焉とともに、ローマは世界制覇を完了した。東方では、ローマの軍団がコーカサスやアルメニア国境まで到達した。やがてエジプト王国は、不思議なことに、正式に併合されないで皇帝の個人財産となり、皇帝が無尽蔵の富を収奪できることになった。西方では、ローマの浸透が続く。ユグルタが敗北したあと、北アフリカの西部にはローマの総督が常駐し、ユバ二世〔前二五年～後二三年頃在位〕に委ねられた従属王国〔マウレタニア〕が現在のモロッコのあたりまでイタリアとの交易を発展させる。カエサルのガリア戦争によってガリアの諸都市が統合され、ローマの威光が、かつてのマルセーユの威光にかわる。ヒスパニアやガリアの銅・銀・鉛・金、アルプスやアフリカの森林から伐採された木材、ガデス〔スペインの現カディス〕の海産物、テュロス〔レバノンの現ティル〕のアクキ貝の緋色染料、隊商がトルキスタンから輸入し、ギリシアの諸島〔とくにコス島〕で織られた中国の絹、オロンテス川〔在シリア・トルコ、現アスィ川〕の果樹園で採れた果物、アッティカ、ペルガモン〔トルコの現ベルガマ〕、アレクサンドリアの工房で制作された彫像、銀器、高価な器などの世界のあらゆる宝物が貨物船で流入する。船はテヴェレ川を遡行し、アウェンティヌス丘の港に接岸する。ローマ人は消費するだけであり、征服によってローマ人には贅沢で豪華な生活が保証された。

ところが、奇妙に対照的であるが、この時期、ローマ市では、日常生活での欲望や安逸に対する反動が現われる。共和政崩壊時の無秩序や血なまぐさい大惨事が支配階級を激震させたので、支配階級はまさに「良心の診断」を行なわねばならない、おそらく、もっと「徳」多き生活へ回帰しなければならないと考えたのだろう。もちろん仔細に観察すれば、贅沢が蔓延したのは、ほとんどローマ市に住むローマ市民のあいだだけであった。イタリアの自治市や村落に住むブルジョワは、それほど急速に変化しなかった。アウグストゥスは幼いころ、ウェリトラエ〔現ヴェレットリ、ローマ南東約四〇キロ〕の質素な別荘で養育された。ところが、彼の父は高級政務官〔法務官〕であった。アウグストゥス妃リウィアは、ローマのすぐ近くに家禽で有名な農場を持ち、そこで白鶏の一品種を飼っていたが、これが体面を汚すとは考えなかった。タキトゥスの時代になっても、「属州住民の倹約」〔『アグリコラ』四〕が語られ、徳の一つとされる。農民の伝統は残っているが、目立たないところに残っているだけである。もちろん、アプリア地方（現プーリア地方）、ナポリ周辺のカンパニア地方やトスカーナ地方のように、大土地所有によって自由人の労働者がいなくなった地方と、執拗に過去に拘泥する住民が住む、それほど肥沃でない地方を区別すべきである。後者の例としては、山岳地帯や、かつての軍事植民市（イタリア半島北部や、プロヴァンス地方の海岸沿いにヒスパニア奥地へ通じるガリアの道路上に点在）がある。これらの地方は農業経済の段階に留まっていた。ということは、貨幣、広い意味での動産が少なく、財産が貧弱で、使用人や奴隷の数が比較的限られていることを意味した。これらブルジョアの地主には、市民権を得たばかりのローマ人が多く、子供をローマへ送り、勉強させていた。しかし、このような教育には多額の費用がかかるので、いつも可能であったわけではない。そこで、現地に学校を造ろうとし、過去の経歴から判断して、必ずしも教職に向いているとは思えない教師が招かれる。なんとか教育を受けた子供は小都市に留まり、父親の伝統を継承する。「自治市」の生活の全体像が——たとえば、ホラティウスの幼年時代についての告白から——垣間見えはじめる。そこには伝統的ローマの、時代遅れの姿が反映されている。

したがって、アウグストゥスの努力は、首都のローマ人に対し、それほど昔のものではないモデルを真似るよう提案しようとしていただけである。しばらくは、この努力が成功するかと思われた。彼自身も範を垂れた。彼の伝記を書いたスウェトニウスの語るところによると、アウグストゥスはけっして、前の時代に出現したような大邸宅を持とうとはしなかった。幸いにもパラティヌス丘の「アウグストゥスの家」が知られているが、この家がきわめてつましいものであることを認めざるをえない。現状では、中庭に面しておもな部屋が三室ある。上階には日当たりのよい小さなペリステュリウムがあって、いくつかの付属建造物で囲まれている。確かに、「ディオメデスの家」、「ファウヌスの家」など、ポンペイにある住宅ほど豪華ではない。これらの住宅には、広いペリステュリウムや日陰をつくる列柱廊が造られ、ギリシア製の美術品が飾られていた。パラティヌス丘の「アウグストゥスの家」は日常生活を簡素化しようとする反動のモデルである。初代皇帝は、この反動の唱導者であった。

当時まで、内壁がアフリカかアシア〔小アジア北西部〕産の高価な大理石で飾られることが珍しくなかった。このような法外な出費が家主の財力では不可能な場合、代わりに絵画が描かれ、騙し絵で異国産の石が嵌め込まれているかのように見せた。しかし、ここで新しい装飾方式が導入される。理想とするのは、もはや豪華な装飾に見せることではない。今や絵画に求められているのは、壁をなくし、壁に架空の窓を開け、その窓から風景や庭園を眺望できるようにすることである。たとえば、「アウグストゥスの家」の大きな居間には、開口部らしきものが二箇所あり、一つは森、他は小川に面しているかのようである。一方には、狩猟の女神ディアナの聖所があり、他方には、何らかの農村の神を祀るために建立された、何に使われるのかがあまり判然としない祠がある。したがって、この家の住人は、自然という装飾のなかで暮らしているかのような錯覚を覚える。変な回り道をすることによって装飾芸術が辿りついた新しい様式は、ローマ民族の往昔の「自然主義」を取り戻し、同時に、本物の庭園がないのを想像力で補える利点を持っている。アウグストゥス治世下のローマは、人口増加によって、これまでになく土地を節約しなければならない都市であるからだ。前の世代、数人の大貴族、たとえば、ルクッルスや歴史家サッルスティウスは、広大な庭園を造成し〔追加図版I〕、そこにパラティヌス丘の家の壁面に描かれたような風景を実物で造れたが、アウグストゥスは友人に彼らの例にならうことを勧めない。友人の一人がエスクィリヌス丘に広大な家を持っていた。アウグストゥスは、そのことで彼を非難しなかったが、彼の財産を相続すると、急遽、この、あまりにも広い場所を占めている家を取り壊させ、その土地を公共事業用に供した。これまでの傾向が変わらなかったならば、ローマ市は徐々に「個人の邸館」や別荘が建つ、現在のポンペイのようになったであろう。だが、居住空間がますます狭くなろうとしていた。同時代のいくつかの復元図（カエリウス丘の聖ジョヴァンニ・エ・パオロ教会地下の発掘などによって確認されている）が示しているように、坂道が丘を昇り、沿道には狭い家屋がひしめき合い、女性たちが家のテラスから隣人の往来を眺めていた。かつてのイタリアのアトリウムは消滅しようとしていた。

図6　集合住宅の復元図
(J・カルコピーノ『帝国最盛期におけるローマの日常生活』英訳版、26～27頁)

ローマ市では、貴族が所有する昔の戸建住宅《ドムス》にアトリウムが残っているだけで、もはやアトリウムは造られない。漸増する大衆に住居を供給するには、安あがりの解決策を講じる必要がある。そこで、建築家は集合住宅《インスラ》を考案する。

周囲が街路で囲まれたアパートは集合住宅《インスラ》（インスラは「小島」の意）と呼ばれる――とはいっても、アトリウムのある戸建住宅も周囲が街路で囲まれていた――が、集合住宅は、アトリウムのある戸建住宅と異なり、ほぼ公道に面した開口部から採光しているだけで、内部の中庭からは採光していない（図六）。集合住宅の主たる特徴は、数階建てになっていて、直接、街路に通ずる階段から入れるように設計されていることである。この方式は、こんにちでもジェノア旧市街の集合住宅の多くで使われており、上階の独立性を確保し、玄関を共通にして空間を節約できる長所があった。したがって、集合住宅の住戸に異なる家族を入居させることができたのである。空気や光の供給を補うために、小さな中庭、いやむしろ集合住宅内側の「通気孔」が必要とされる。住人は信仰深く、集合住宅全体が共用する神棚が設置される。画家は壁面に何らかの植物の絵を描く。どうしても自然の記憶を消し去ることはできないからである。しかし、このように、過去の世紀に日常生活の通常の環境であったものを想起しようとしていることは、ローマ市の生活に起こった新しい状況が大変化をもたらしたことを強調しているだけであり、どうやらこのような変化を慨嘆しているかのようである。

集合住宅はひとたびローマ市に導入されるや増加し、戸建住宅が減少したので、ついにローマ市の様相が一変した。集合住宅は高層のことが多く、六階、いや七階のことさえあった。しかし、下の四階だけがセメントで建造され、レンガで外装された。五階以上はもっと軽い建材で造られ、上層部分は木造のことが多かった。業者や地主はこのようにして確実に利益を稼いだが、建物の強度や安全性が犠牲にされた。家屋の倒壊や火災の頻発は、詩人やモラリストがいつも言及する月並みな話題である。ますます狭く、ますます壊れやすい空間にすしづめ状態で暮らしていたので、調理や暖房に炭火コンロだけを使うことの危険性は想像がつく。荒土壁の内壁に対し、完全に消されていない炭火、それは「街区」全体の火災を招く。別の箇所では、床が荷重超過で崩壊する。あるいは、もう一階増築したことによって、壁の強度が極度に危険となる。建築家がこのような荷重を想定していなかったからである。集合住宅では事故が多く、かつ深刻だったので、アウグストゥスは警察消防隊を組織し、とくにローマ市の夜間の安全確保と消火を担当させた。こんにちでも有名なユウェナリスの『諷刺詩』は、ドミティアヌス時代、ローマ市を歩行する人が出会う困難や困惑を描いている。狭い道、いつも行なわれている工事の現場へ向かう大きな荷車、葬式の行列、喧騒、雑踏、コンロの煙、これらはすべて、すでにアウグストゥス時代に存在したものであり、ローマ市の生活を不快にしていた。

＊＊＊

このような通りを急ぐ群衆は、もはやかつてのような出立《いでた》ちをしていない。男性が鬚《あごひげ》を剃り、ときには頭髪も剃る習慣を持つようになったのは、二世紀以上もまえのことであった。しかし、共和政末期以降、頭髪を短く刈り込み、額や首筋も露にした。アイロンで癖毛を縮らせ、小さな巻き毛を数多く付けることがある。男性もこれにならったので、モラリストは憤慨する。鬚を剃るには、必ず鬚剃師の世話になる。剃刀《かみそり》の質が悪く、自分で鬚を剃れないからである。鬚剃師は露天か、店舗を構えて営業している。周囲には、床几で自分の番を待ちながら好き勝手放題にお喋りしている客がいる。鬚剃師はまず客の顔を濡らす。ついで、ひっきりなしに砥石で剃刀を研ぎながら、ゆっくりと仕事に取りかかる。事故は少なくなかった。傷を付けられた客が請求できる損害賠償額は法律で定められている。ローマの金持ちは贔屓《ひいき》の鬚剃師を持っていて、任せきりであり、ほかの鬚剃師を一顧だにしない。

かつて衣服は見事に画一的であったが、いまやその画一性を失い、地味でなくなった。東方や西方から異邦人が流入したため、新しい慣行が普及し、事実、衣服も変化した。ますますパッリウム〔追加図版Ⅱ⑥〕が普及する。この衣服は、もともとギリシア人のコートであり、トガよりはるかに簡単な方法で、ゆったりとドレープをつくって纏《まと》う。長い帯状の、柔らかい羊毛の布であり、肩に掛けただけで、腰の周りに巻きつける。裁断も縫合も必要としないし、形を固定・維持するために特別のブローチも必要としない。これらの理由から、下層民や「知識人」〔パッリウムは伝統的に哲学者の服〕がこれを採用し、ローマの貴族も、公的な「社交」の場以外では、これを着用した。ティベリウスはサモス島に滞在した二年間[1]、他の服を着ようとはしなかった。パッリウムはとりわけ勉学に勤しむ余暇に着用する服であったようだ。

（1）原文には「ロドス島に隠棲した二年間」とあるが、訂正。ティベリウスはロドス島隠棲中にサモス島へ行ったとき、政変を画策したと疑われ、同島に二年間滞在した（スウェトニウス『ティベリウス伝』一二～一三）〔訳註〕。

しかし、すでにずっと以前から、ローマ人には、もっと体にぴったりした、ローマより遥かに寒冷な気候に適したコートがあった。たとえば、パエヌラである。これはフード付きの現代的なマントで、ガリア・キサルピナ〔アルプスのイタリア側にあるガリア〕から導入された。ローマの著述家が最初にこの服について述べたのは、第二次ポエニ戦争時代に遡る。しかし、これが普及するのは、共和政終末期から帝政初期のころである。とくに、馬車に揺られて長旅をする場合に使われた。あるいは、ホラティウスがブルンディシウム〔現ブリンディシ〕へ行ったときのように、水路で旅行する場合、パエヌラは、川の湿気と寒気のなかで夜を過ごすときの貴重な防寒服であった。兵士は、ガリア、ブリタンニア〔イギリス南部〕、ドナウ川河岸、アルプス、ゲルマニアのような気候の厳しい地方へ遠征するとき、パエヌラを着た。しかし、帝政時代からは、老人が、だらしない服であると考えられていたパエヌラを纏ってローマ市の通りを歩いたり、競技場に現われたりすることも珍しくない。だが、パエヌラは、素材が厚手のウールであり、長い毛が逆立っていることが多く、悪天候にきわめて有効な防寒服であった。

パエヌラは、トゥニカのうえに他の服を着ずに直《じか》に着た。しかし、トガのうえに纏うもっと軽量のコートの助けを借らねばならないことがあった。たとえば、儀式に列席するとき、寒さから肩を守ったほうがよいと思っても、正式の衣服を着なければならない場合がある。このようなニーズに応えるために、ローマ人はラケルナ〔腰丈の小外套、追加図版II⑦〕を着た。これは、形状は初期のトガとほぼ同じであるが、肩のうえに乗せただけで、重い留金《フィブラ》で肩に固定する。雨のときには、ラケルナに取りはずしできるフード〈ククッルス〉をつけ、このフードがたっぷりと肩を包み込んだ。

ローマ人は、ガリア人から、パエヌラと同じように、ブラカエ〔追加図版II⑧〕を導入した。ローマ人は、ブラカエを「異国のもの」と言っていたものの、遠征や狩猟のときに着た。ブラカエは体にぴったりしたズボンで、丈が膝の下まであり、ティビアリアというゲートルと繋げて使われることが多い。このような衣服は、確かに、ローマ市ではつねに例外的な服であった。たいていの場合、トゥニカの下には、ごく短いパンツか、臀部を隠す小さい亜麻のパンツ（フェミナリア〔フェムル（大腿）からの派生語〕と呼ばれる）だけを穿いた。

このようにさまざまな服が使われて、トガより遥かに実用的なことが判ってくると、ますますトガを着なくなった。伝えられるところでは、ある日、アウグストゥスは、フォルム・ロマヌムで黒っぽい色のラケルナを着た一群の市民と出会って憤慨した。「これが世界の主《あるじ》だ。彼ら、トガの民を見給え」（スウェトニウス『アウグストゥス伝』四〇）と述べた。ただちに、トガを着ていない市民をフォルム・ロマヌムから追い払うことを命じる告示を出させた。この告示は、公的活動にもっと権威を取り戻させようという素晴らしい意図から出されたものではあるが、筆者の見るところ、公的活動と日常生活をますます乖離させる結果となった。人びとはほとんど外見を気にせず、快適さを追求する。公的活動は——一部の人、すなわち、公的活動の重責を担っている人たちにとっては——もはや面倒くさい社交にすぎないから、できるだけ早く公的活動から遁れようとする。本当の生活は別のところにあるからである。この乖離はトガの変化にも反映される。トガは重たいので以前よりも厄介視され、きわめて複雑なドレープは邪魔となる。トガは今や膝のずっと下まで垂れさがる。彫刻を思わせるようなトガを着ると、弁舌を振るうか、偉容を顕示すること以外、事実上、何の活動もできないのである。

＊　＊　＊

当時、ローマ人が頻繁に旅行するようになるにつれて、本当に実用的な服を採用することがますます不可欠になった。公職に就任するため、ますます遠方の属州へ赴任を命ぜられるローマ人が多かったからだけではない。ごく普通の私人も、かなり離れたところに別荘や地所を持っていて、最も暑い数か月をそこで過ごすことがあった。そのうえ、共和政末期の数十年間、交易が活発になった。「騎士身分の者」(金権ブルジョワのメンバー)には、金融業に利権を持つか、何らかの交易に関心を持つ者が多かった。これらすべての理由から、道路や港では旅人が増加した。数年間混乱と内戦が続いたあと、アウグストゥスは道路網の再編に着手した。元来、道路網はとくに軍事的性格を有しており、道路と入植地は実効支配の進展度を物語るものである。この道路網を、徐々に平和のニーズを満たすものに変えた。車両の通行を可能にするため拡幅し、かつ幹線道路から少し離れたところにある自治市へ通じる二級道路を建設しようとする。ローマの道路で最も有名なのは、アッピウス街道である。これは、紀元前三一二年に監察官アッピウス・クラウディウスがローマとカプア間に開設した道路であり、初めてラティウム地方とカンパニア地方を結んだ。この道路は、順次タレントゥム〔現ターラント〕やレギウム〔現レッジョ・ディ・カラブリア〕まで延長された。レギウムからは、渡し船でシチリアへ行くことができた。アッピウス街道は、今なおローマ市の入り口に古代の状態のまま残っている。幅員は約四・五メートル、全面に多角形の玄武岩が敷きつめられ、敷石一つ一つが鱗状に堅固に並べられていて、壊れぬ車道となっている。しかし、ローマのすべての道路が同様であったとか、アッピウス街道が終着点まで舗装されていたとは考えないようにしたい。ほとんどの道路がバラストを入れ、砂を敷きつめただけのものであり、幅員は二メートルを超えないことさえあった。そのため、車両がすれ違うのはかなり難しかった。夏期、車道では埃がひどく、冬期には不潔な水溜りと化す道路もあった。一般的に言って、都市の近郊では、地方当局が道路の改良に腐心していたが、大都市間の長い道程は困難を極めた。したがって、できるかぎり——帝政の進展とともにますます——海上交通が利用された。

これらの道路には、徒歩の旅人がいた。そのため車道沿いに歩行者用の道が造られているところもある。

しかし、当然のことだが、少し長い距離を行くには、ラバか馬を使わねばならなかった。伴《とも》を引き連れていないのは、最貧の旅人だけであり、主人が馬、奴隷がラバに乗った騎士身分の者の一行に出合うことも稀ではなかった。荷鞍を付けた動物が荷物、とくに道中の食料を運んだ。宿泊地間の距離が長かったり、宿泊施設のない田園を横切ることがあったりしたからである。旅人が少し重要な人物なら、団体一行は陸路で移動する。主人はガリア起源の四輪馬車《ラエダ》に乗り、馬車の床に敷いたマットレスに寝転んで旅をした。このような配慮を必要としたのは、通常、馬車は歩行の速度で進むが、スプリングが付いておらず、揺れが激しかったからである。二台目の馬車には荷物が積まれ、その前後に騎乗者がついており、武装することによって悪党と遭遇するのを未然に防いでいた。盗賊は少なくなかった。イタリア半島の特定の地域から盗賊を一掃するため、アウグストゥスはそれこそ軍の遠征を計画しなければならなかった。荷馬車にはまさに宝物が積まれていることが多い。カエサルは、移動するとき――遠征中でさえ――必ずモザイクを張った床を持参したと伝えられている。貴婦人は奴隷が担ぐ臥輿《がよ》に乗るのを好んだ。この仕事で名を馳せていたのが、ビテュニア人の奴隷である。

ローマの貴族は宿を手配する者を先行させた。公式の旅行でなく、都市が公式の旅行としての受け入れを決めていないときは、たいていの場合、毎夕、友人の別荘に泊った。友人の別荘では、あらかじめ連絡を受けていた農場管理者が、一行に対して、宴会や入浴といった地位にふさわしいもてなしを準備していた。入浴は、とくに埃や泥まみれの長旅のあとには欠かせないものである。よく通る道には、自分の定宿《デウェルソリウム》を持っていることもあった。このような宿を持っておらず、テントで野営したくないか、野営できないときは、旅籠《はたご》に宿泊した。

旅籠は、帝国全土を横切る幹線道路沿いに配置されていて、東方にあった隊商宿とかなり似ていた。中庭があり、その周囲に厩舎や馬車の置場が置かれている。二階には回廊があって、旅人が泊まる部屋はこの回廊に面している。部屋には、家具が、ほとんど、あるいはまったくない。旅人はできるだけ気楽に過ごし、料理をしたり、部下の世話になったりする。古代には、このような旅籠をよく見かけた。旅人に対して、もっと多くの施設を提供できる、さらに高級な旅籠もあった。旅籠自体に居酒屋が併設されていると、暖かい食事をとることができたし、ときには高級ワインがあって、浮かれ騒ぐことも可能であった。ウェルギリウスが小詩で詠っているように、暑い日、道路沿いでは、騎士身分の者が、庭の中央にあるブドウ棚の下で、酒を注ぎ、酒場の音楽に合わせて踊るシリア人の女将の誘惑に耳を傾けている。これらの居酒屋には、地方によって異なるさまざまな看板が掛けられている。商号には「旅籠ラクダ」、「旅籠雌鳥《めんどり》」、「大鷲《おおわし》」があり、そのほか、メルクリウス（商人と旅人の守護神）、アポロン、ウェヌスにあやかった商号も多かった。これら旅籠の主たる客筋は、ラバ引き、下層民、荷車引きであり、高官が旅籠に泊まることはごく稀であった。

＊＊＊

確かに、旅籠のメニューは、父祖の粗食を忘れた豊かなローマ人の口には合わなかった。一、二世紀来、食事が複雑になった理由ついては前述した。しかし、帝政期になると、料理はまさに一つの術《わざ》と化し、一連の調理法が完成した。そのなかで、現在まで伝来し、最も有名なのが、アピキウス(1)の調理法である。この調理法から、少なくともローマのいくつかの「レシピ」に関して正確に見当をつけることができる。(2)

(1)『料理十書』の著者とされるローマの美食家。アウグストゥスとティベリウス時代の美食家数名の総称であると言われる〔訳註〕。

(2) アピキウス『料理法』(J・アンドレによる翻訳と注釈) パリ、一九五五年。

いずれにしても、帝政時代の料理は、健康に配慮していなかったわけではない。アピキウスが提案しているレシピは、特定の病気に効くと説明されているものが多い。この点で、彼の調理法は、かつてのカトーの教えとどこか似ているところがあった。しかし、ずっと以前から、食材はきわめて多様化・複雑化していた。香りの強い香辛料や香草がふんだんに使われていたことに注目したい。香辛料や香草には、地元産のものもあれば、東方から高値で輸入されたものもあった。ウイキョウ、ニンニク、タイム、玉葱、ヘンルーダ、パセリのほか、粒胡椒や挽き胡椒、ヒメウイキョウがふんだんに使われる。キュレナイカ地方の絶品とされた香料植物オオウイキョウも、多くの献立で採用されている。それにもまして、ほぼすべてのレシピで繰り返して使われる重要な調味料は、ガルムである。現代人はガルムが何なのか疑問に思っていたが、長いあいだ判らなかった。こんにち、極東の料理のことがよく知られるようになったので、ガルムについても、もっと多くのことが判明している。極東の料理では、同様の製品であるインドシナのニョクマムが使われる。これは魚、主として鮪《まぐろ》と鯖《さば》の腸の塩漬けであり、自己分解（すなわちジアスターゼの反応による「自己消化」）によって、醱酵したチーズに含まれているのと同様の物質が生成される。ガルムは地中海沿岸のほぼどこでも作られていたが、とくに有名だったのがヒスパニア産のものである。大量生産する工房さえあった。品質によっては、きわめて高価であった。しかし、特選のガルムがあったとしても、下層民は、水で薄めたり、急いで熟成させたりして作った二級品、三級品を、野菜の味付けに使っていた。

アピキウスのレシピによると、肉自体の味を変えることができるソースを主体にした、東洋料理風の濃い味付けの料理が想定できる。料理人の腕の振るいどころは、見た目を変える——たとえば、豚の枝肉を鶏、牝豚の乳房（人気料理）を魚の煮込みと見せる——ことにあったからである。珍しい、異国情緒の、高価な食べ物を系統的に探し求めることは、すでに前時代の特徴であったが、これが極端に顕著になった。「ナイチンゲールの舌のサルミ」（七分どおりローストした野鳥の舌を特別のソースで煮込む料理）が引合いに出される。この料理には、明らかに、おびただしい数のナイチンゲールが必要であった。しかし、このような奇抜な料理、珍しいだけの料理は、きわめて稀な例外にすぎない。大貴族でも、客人にいつも出していたのは、とくに獣肉（鹿や猪など）や海魚（ボラ、アナゴ、ウツボ）であり、種類豊かで、きわめて新鮮な地中海産の魚介類であった。これらはフォルム・ロマヌム近くの市場で入手できた。味をよくするために人肉を餌として与えたというウツボに関する、かの有名な逸話は、伝説めいており、せいぜい、たった一回あった事実を悪意から一般化したものにすぎない。アウグストゥスの友人の一人がウツボの養魚池に奴隷を投げ込んだことが事実であるとしても、ウツボに食べさせるというより、罪人を殺すために行なったのである。このような残酷な懲罰に対し、世論全体が憤慨した。この養魚池の所有者が死ぬと、アウグストゥスはこの残虐行為の証拠である家屋を取り壊させ、その土地を公有地とした。

＊　＊　＊

アウグストゥスは、貴族社会において家庭生活を維持させようと努力した。離婚を減少させ、共和政末期の数十年間に累増した不倫を抑圧し、三人以上の子供を持つ父母に対して恩典を付与することによって婚姻を優遇した。そのうえ、不道徳という汚染から、青年をできるかぎり守ろうとした。青年を、なかば宗教、なかばスポーツの団体に組み入れた。「鬚が生えていない」子供が、例年パラティヌス丘の周囲で実施される、起源がきわめて古い祭儀「ルペルカリア祭の競走」のような祭礼に参加するのを禁止した。この祭では、裸になった男性が、子宝を欲しいが授からない女性を牡山羊の皮で作った笞で叩くことになっていた。この祭は起源が古く、その古さゆえにあまりにも尊ばれていたので、廃止できなかった。のちにキリスト教世界でカーニバルが規制されたように、ルペルカリア祭はさらに厳しい規制のもとにおかれた。

アウグストゥスの協力者で、やがて娘婿となるアグリッパは、同じ目的から、「マルスの野」で大公共工事を実施し、体育の練習に興味を持たせる環境を整備した。特別に水道〔ウィルゴ水道〕を一系統増設することによって、若者が泳ぐエウリプス人工水路[1]〔追加図版I〕に水を供給した。以後、若者はテヴェレ川の増水や危険を心配しなくてもよいことになった。アグリッパは、エウリプス水路建造のあと、ローマ市最初の大規模な共同浴場を建設した。この共同浴場は、ラコニクムと呼ばれるサウナ風呂であって、次の時代に大共同浴場のモデルとなった。前述したように、「マルスの野」では、ローマの伝統に基づき、軍事教練のみが行なわれていたが、徐々に、ギリシアの体育場やレスリング場から着想された環境が「マルスの野」に整備される。自由人として生まれた若者は、そこで大半の時間を費やす。居酒屋が店を開くのは、夜の帳《とばり》が下りてからであり、若者はそれよりずっとまえに帰宅していた。

(1) アグリッパの共同浴場の西側にあった「アグリッパの池」から、ほぼ現在のヴィットーリオ・エマヌエッレ通りを通り、テヴェレ川に流れ込んだ水路〔訳註〕。

しかし、体育が青年の唯一の活動であったと考えるのは誤りであろう。アウグストゥスの世紀に文学が見事に開花したという事実は、青年の知育が閑却されていなかったことを物語っている。

幼児は、もっぱら母親のもとにいるが、読み方の基本を学ぶ年齢を過ぎると、学校へ通いはじめる。その場合、子供は文法教師[1]に委され、まず日常の読み書きを学んだ。有名なフレスコ画によると、子供たちが蜜蠟の塗られた書字板を――こんにちの石盤と同じように――膝のうえに乗せて列柱廊でベンチに一列になって座り、教師の指示に従って教本を繰返し読んでいる。野外にいるので、肌寒く、全員が暖かいフードを被っている。ほとんどの子供は熱心に勉強している。だが、隅のほうでは、できの悪い生徒が笞で打たれ、大きな口を開けており、この生徒の悲鳴をあげている姿が描かれている。ホラティウスも自分の「先生」であった「笞打つオルビリウス」（『書簡詩』二、一、七〇～七一）に関する悪しき思い出を忘れることはなかった。教育方法は、もっぱら暗記の訓練であり、朗読が何回も繰り返される。全員と唱和できない者に災いあれだ。このようにして、文法教師のもとで昔のラテン詩人の長い条《くだり》を学んだ。学んだのは、ナエウィウスと彼の叙事詩『ポエニ戦争』、エンニウスと彼の『年代記』であり、考え方は比較的新しいものの、文体にはまだぎこちなさが残っていた。これらを読ませることで、父祖が垂れた健全な教訓を子供の脳裡に刻み込み、活力と往昔の徳を子供に移植した。ミモス劇、劇作品、さらに法律の条文、アッピウス・クラウディウスや監察官カトーの著作集から抜粋された警句も学んだ。このような頭の訓練は、計算を学ぶことによって完了した。実務では十進法は使われない。度量衡の単位、とくに貨幣の単位が十二進法であったから、現在の九九と同じように、計算結果が暗記された。たとえば、$\frac{4}{12}$（トリエンス）または$\frac{3}{12}$（クァドランス）から機械的に$\frac{2}{12}$（セクスタンス）を引くといった具合に教えられた(2)のである。もっと複雑な計算には、算盤（数を具象化した一種の数え玉）の助けを借りた。

(1) 文法教師（グランマティクス）は、七歳から十一歳の年齢層の子供を教えた〔訳註〕。

(2) それぞれの答えは、$\frac{2}{12}$（セクスタンス）と$\frac{1}{12}$（ウンキア）となる〔訳註〕。

夕方になると、家庭教師が子供に授業をすべて復習させる。家庭教師は、子供を監督し、学校へ連れて行き、悪友から遠ざけ、勉強を補助する役目を担っている奴隷である。このような家庭教師は通常ギリシア人である。きわめて高い教養の持ち主のことがあり、若者はおおいに感化された。勉学修了後も、親密な関係は続く。このような関係が続いた結果、壮年になってからも、長期間、幼年時代の教師を側近として抱えた。アウグストゥス自身の場合もそうであった。ギリシア人の風習が、思想や生活の面でかくも急速に、かくも深く浸透したのは、家庭教師のせいであることは間違いなかろう。家庭教師がどの程度の影響を与えたのか、われわれにはほとんど判らない。あまり文字記録に出てこないからである。しかし、この影響を認めるべきであり、過小評価しないことが大切である。

子供は文法教師の教える知識をすべて習得すると、修辞学教師(1)の学校へ移った。これが「教養課程《フマニタス》」の始まりであった。この課程では、再度ラテン文学の有名な作品が採りあげられるが、ギリシアの詩人・歴史家・雄弁家の作品も補われた。忘れないようにしたいのは、ローマの子供は、家庭教師のところや日常生活で、ラテン語と同じようにギリシア語を話すことを覚えたし、ローマの文化はきわめて古くから完全にバイリンガル文化であったことである。このような講読が行なわれる趣旨は、文法教師の教育とは完全に異なっていた。創作や文体の手法、文の深層に含まれている意味、さらには隠された象徴主義の探求という、作品の文学的説明に力点が置かれた。かくして青年は徐々にすぐれた手本に基づいて教育されることによって、文学的な作文の規範を手ほどきされた。当然のことながら、教師は弁論家の育成を念頭に置いていた。雄弁術はローマのあらゆる公的活動に浸透していた。皇帝やその直接の協力者（皇帝が自分で選んだ友人）が実権を掌握することになってからは、おそらく、政治活動はもはや往時ほどではなかったであろう。しかし、元老院議事堂《クリア》での討議には、その名残りがみられた。とくに、かつて司法活動がかくも活発なことはなかった。昔ながらのフォルム・ロマヌムは、裁判を行なうには不充分である。弁護人や陪審員に活躍の場を与えるには、バシリカ〔公会堂〕の数を増やす必要がある。ローマ人はみな、自分自身や被護者《クリエンテス》を弁護するため裁判に出頭するし、友人の弁護では二番目か三番目に話すと考えられていた。条飾り付きのトガ《トガ・プラエテクスタ》(2)を脱いで成人となった青年にとっては、少なくとも恥ずかしくない形でフォルム・ロマヌムの討議に「デビュー」できないのは恥辱であった。おそらく、弁論家には、格別有名な人物もいたであろう。難しい事件は、とかく有名な弁論家に委嘱する。しかし、理論上、弁論家は他の市民と同列の市民にすぎず、職業上何ら特別の地位を享受しているわけではなかった。

（1）子供は十六歳ぐらいになると、修辞学教師（レートル）の学校へ通い始める〔訳註〕。

（2）原文では「成人用トガ」となっているが、訂正した〔訳註〕。

したがって、修辞学教師の学校では、若き市民は重要な役を与えられて、育成される。架空の事件が提起され、この事件を扱うことによって、同時に法律の基本原則を学ぶ。法律の教育と弁論術の習得は密接不可分であった。われわれは、キケロを通して、幅広い一般教養を持つ弁論家が理想とされていたことを知っている。優秀な者は技術的知識だけでは満足していなかった。雄弁はそれ自体が目的ではない。雄弁によって人びとの精神や魂に働きかけることはできるが、そのためには、青年は「人間的なものすべて」に関して知識を習得しなければならない。幅広い人文主義《ユマニスム》という概念は、ほぼローマ市民の教育目的に含まれていた。したがって、ローマ市民が哲学者の話を聞いて、勉学を補うことは珍しいことではなかった。このような理由から、若きローマ人は、アテネ、ペルガモン、アレクサンドリア、ロドス島にある、最も著名な哲学者が生活し、教えている施設の一つへ行くことが多かった。彼らは、お金を持っているし、ローマ市出身であるため、学友や先生からお世辞を言われ、そこで自立した学生として生活した。羽目をはずしても眼を瞑《つむ》ってもらえたし、弁論術がうまくなると、激賞された。若きローマ人は、地位にふさわしい公職に就任するために帰国するとき、結局、ギリシアに感化されていたのである。

＊＊＊

しかしながら、皇帝アウグストゥスは、青年に対して各種の配慮をしたが、青年が気力・勤労・叡智のモデルであったとは考えないようにしよう。アウグストゥスと同時代の詩人の作品を読むと、その考えが誤りであることが、すぐ理解できる。ローマの金持ちの道楽息子は放蕩に明け暮れていた。どの時代の、どの青年も、貧窮のどん底にいないかぎり、道楽に耽ったのと同じである。結婚した男性が妻との神聖な関係を尊重しないのが不道徳であると考えられているのと同程度に、青年がほぼしたい放題「人生」修行するのは当然のことと考えられていた。解放奴隷の女や娘、東方から来た女は、一つの社交界を形成しており、充分お金を持っていて、ひとときの友に選んだ女性に対し上流階層の贅沢を味わわせてくれる男なら誰でも歓待した。これらの遊女は高い教養の持ち主であることが多い。竪琴を弾き、歌を歌い、ときには詩を詠む。遊女の生活はすべて、人を楽しませることが目的である。それは彼女らがたくみに営んでいる職業である。当然のことだが、遊女が関心を惹こうとするのは、とくに、大金持ちの青年とか、属州で何らかの公職を経験し、相当荒稼ぎした青年である。しかし、さほど財産を持たない詩人に愛情を抱く遊女も多かった。詩に詠んでもらうと、遊女は不朽の名を得ることができるからだ。とくにティブッルス、プロペルティウス、オウィディウスは、次のような夜の逢引きを詠った。たっぷりとしたパッラを羽織った若い女性がバルコニーから降りてきて、快い暗闇のなかで彼氏と逢引きをする。あるいは、青年が松明の明かりのもと従僕を一人か二人連れてきて、戸を叩くと、密かに戸が開き、うまく話がつくと戸が閉まる。夜の帳が下りると、皇帝が気前よく万人に開放した新設の公園や、ポンペイウス列柱廊の、青銅のファウヌス像が皮袋からたゆまず水を注いでいる月桂樹の植栽のあたりで、駆け引きが始まる。逢引き、媚態、侍女に託した恋文、目の輝き、そして長いひそひそ話しや愛の誓い。青年が、初めて同じ身分の許婚を自分の家へ連れてゆき、みずからが「家長」の威厳と責務を担うことになる日、これらのことはすべて忘れ去られるだろう。

第四章　ネロからセウェルス朝へ

ネロの治世からアントニヌス朝までの期間（一世紀半たらずの期間）は、帝政とローマ文明の最盛期と考えられることが多い。アウグストゥス直系の最後の後継者からフラウィウス朝の初代皇帝へ移行したとき起こった反乱を除くと、国内の治安が脅威にさらされることがかくも少なく、かくも繁栄し、かくも統一が取れていた時代がかつてなかったことを、疑う余地はない。一見したところ、ローマの私的生活は二世紀末までアウグストゥスの世紀に始まった変化が続いていたにすぎない。両方の時代には類似点が多いので、峻別する必要がないと思われるかもしれない。しかし、仔細に眺めてみると、通常言われているほど完璧かつ根本的に似ているわけではない。おそらく、日常生活の大きなリズム、職人の技術、経済や社会の構造にも革命的変化はなかっただろう。しかし、またも新しい精神が浸透してきた。これまでほとんど素描されたことがないような傾向が支配するにいたる。多くの指標から判断すると、ローマ文明はその起源や往古の理想から少し乖離しているにすぎない、という段階を通り越したようである。さらに注目すべき点は、日常生活に関する知見が、もはや前時代と同種の資料に依拠していないことである。これまでは文献データが考古学データより遥かに優っていた。今や、七九年の大災害でヴェスヴィオ山から噴出した火山灰と泥に埋没したカンパニア地方の都市という比類なき博物館が提供する証言が存在する。オスティアの遺跡もある。この遺跡は、現状では前の時代よりも、むしろ紀元二、三世紀の情況を教えてくれる。そのため、この時代の生活の再現はきわめて容易であるが、そこで得られる結論を前の時代に当てはめるのには、きわめて慎重でなければならない。文献自体は、ますます詳細に描写しようとする。トラヤヌス時代、小プリニウスは自分の別荘を仔細に記録し、われわれを、経験できない別荘の訪問に招待してくれる。彼の文通相手には、このような訪問は無駄なことと思われたはずである。マルティアリスやユウェナリスは写実主義の詩に至上の喜びを覚えた。そのため、彼らの作品は掘り尽くすことのない情報の鉱脈である。この時代まで、このような情報源は存在しなかった。しかしながら、前時代で判らないことを補うため、これらの情報源を使うのは恣意的である。

＊＊＊

一般的に言って、アウグストゥスの世紀は、贅沢に対して反発しはじめ、父祖の徳へ回帰しようとしていた。だが、次の時代になると、ローマはとうとう東方の文明に席巻される。ユウェナリスは「シリアのオロンテス川がテヴェレ川に注いでから久しい」〔『諷刺詩』三、六二〕と詠み、大勢いた混血のギリシア人、アシアのミトラ帽を被り、異国の装束を着けた遊女、さまざまな階層のブローカー、どんな仕事も引き受け、どんな下品なことにもたじろがない山師を登場させた。この描写は、いかに諷刺的であろうと、ペトロニウスがネロ治世の末期に著わした、『サテュリコン』と題する、これまた写実主義の小説に反響を及ぼす。この小説には、出自がセム族の解放奴隷である全能のトルマルキオンが登場する。彼は卑劣な妥協を重ねることによって巨万の富を築き、イタリア南部、シチリア、アフリカに数え切れないほどの地所を所有している。このトルマルキオンは悪人ではない。自分の贅沢を見せびらかすことだけが好きなのではなく、人に分かち与えるのも好きである。彼の交友相手は、住んでいる自治市——おそらくプテオリ〔現ポッツオリ、ナポリ西方約一四キロ〕とすべきだが確証はない——の解放奴隷たちであり、元廃品回収業者であったり、葬儀屋であったりする。これに加わるのが、色恋沙汰を求め、平気で何でもやりかねない学生たちである。夕方、彼の食堂には、このような多種多様な仲間が集まる。当時の最も特徴的な風潮が曝け出されているのを目の当たりにする。まず、官能の喜びに対する止まるところを知らぬ欲求があり、これは想像を絶するほど豪勢な饗宴によって示される。しかし同時に、素朴な工夫を凝らすことで、この貪食に、子供っぽい想像力を掻き立てる仕掛けを施す。猪を——調理したあと全体を元の形に戻して——食膳に出す。猪が厳かに入場する。馬丁や狩人姿の下僕が網や槍を持って付き添っている。この猪は、そのまえに行なわれた宴会で満腹の会食者に出されたが、手がつけられなかったので、フリュギアのボンネット帽〔解放奴隷が被る尖った三角帽〕を被せて、この饗宴に出されたのである。猪はまさに「解放されて」いる。とてつもなく大きな盆のうえに載せられた一匹の豚は、腸が抜き取られているとは思えない。トルマルキオンが激怒しはじめる。料理人に有罪を宣告する。笞を持った刑の執行人が、この哀れな料理人を摑んで、裸にする。会食者は困惑し、赦しを乞う。トルマルキオンは赦免に応じ、「じゃ、豚の腸を抜き取っていないのなら、今、皆さんの前で腸を抜き取って見せろ」〔『サテュリコン』四九〕と言う。料理人は包丁を豚の腹に当て、そこからブダン〔豚の血と脂の腸詰〕や美しいソーセージを山のように取り出して、順番に配っていく。かかる大団円に際して、このようにふざけている。この演出には庶民的な面白さがある。数世紀にわたりミモス劇の人気を維持させた面白さと似ている。

しかし、解放奴隷トルマルキオンの大それた望みは、ここで止まらない。食事の席には、修辞学者アガメムノンとか、悪漢小説〔ピカレスク・ロマン〕に出てくるような学生がいるが、それは精神的なものに対する彼の趣味を示している。トルマルキオンはためらわず知識をひけらかし、文学を論じ、ホメロスをでたらめに引用し、金銀細工に精通した振りをする。要するに、少しのち、タキトゥスや小プリニウスが出入りする世界に登場してくる、あらゆる面で見識をそなえた大貴族の粋人をパロディー化した人物、これがトルマルキオンである。このような情景から当時の日常生活を正確に描出できると考えるのは誤りであろう。呆れかえるくらいの誇張にほかならない。とはいっても、これらの情景にまったく資料価値がないことを意味しているわけではない。

このような描写をまえにすると、この、完全に帝政期となったローマと、アウグストスが夢見た、まだイタリアのローマにすぎなかった時代のローマとのギャップを、さらによく理解することができる。かつての農民の都市とは完全に断絶している。農民の都市では、生活のリズムはまだ田舎のリズムであって、贅沢は「うしろめたいもの」であり、勉学に勤しむ楽しみを持てるのは、「国事にかかわる重要な仕事」にかかわらない時間に限られていた。確かに西方の属州やイタリアの中部や北部の都市へ足を踏み入れてみると、幅を利かせているのは、東方である。

＊＊＊

都市の環境そのものも変化した。ネロ治世下の六四年、ローマ市の中央部を灰燼に帰す大火が発生した。ティベリウス、ついでカリグラが、アウグストゥスのみすぼらしい住処《すみか》よりも広い邸宅——もちろん壮麗な住宅——を構えていたはずのパラティヌス丘も、被害を免れなかった。市街は焼失した。残った建物もぐらつくので、建物をブロックごと叩き壊し、平坦な土地にして、瓦礫を艀《はしけ》で海へ運ばなければならない。ローマ市のほぼ全体を再建する必要に迫られる。悪意ある政治的宣伝によって、皇帝が大惨事を起こしたと非難される。いずれにせよ、ネロは自分で再建計画を策定し、宿なしの住民を自分の庭園に住まわせ、金に糸目をつけずにこれら住民の家屋の再建を援助し、将来、建物が密集したり、あまりにも脆い建物が建ったりしないよう適切な措置を告示した。これが、新しいローマ市、突如出現したネロのローマ市である。集合住宅《インスラ》の高さ制限、建材の使用規制、道路の最小幅員が定められた。ローマ市は最新の都市に変貌し、以前のように成り行きに任せて拡大していった都ではなくなる。このように整然と再建された結果、伝統的な戸建住宅《ドムス》、すなわちアトリウムのある住宅は、以前よりさらに少なくなった。

堅固なセメントの組積構造を煉瓦で外装する方法が、公共建築同様、私的建築にも普及する。バルコニーがあり、驚くほど現代的な外観をそなえた大集合住宅が、拡幅され明るくなった道路に沿って並ぶ（図六）。おそらく、ローマ市全体が再建されたのではなかろう。というのは、市全体が破壊されたわけではなかったし、ネロはこの努力を最後まで続けなかったからである。六八年、ネロが退位に追い込まれると、もはや彼が定めた建築規則は適用されない。伝統的な考え方の持ち主には、道路を拡幅すると、あまりにも陽光が強く、あまりにも暑くなり、恐ろしい疫病が発生しやすくなる、と考える者もいた。したがって、革新されたのは一部分だけであったが、それでも日常生活の環境は大幅に変貌した。

皇帝たちが水道の導水量をローマ市の需要を満たすようにしようとしたのも、この時代である。アウグストゥスやアグリッパは、すでに水道の導水量を増やしはじめた。クラウディウスもこの問題に腐心した。しかし、この問題を満足できる形で解決したのは、ネロとその後継者たち、なかでもトラヤヌスであった。だが、水が与圧されて集合住宅へ供給されたとは考えないようにしよう。一般にローマの水道は水を垂れ流すだけである。水道は水を公共の水汲み場に供給し、誰しもそこで水を汲まねばならない。いくつかの大家族だけが、皇帝の特別の計らいにより無償で水を利用する権利を有していたが、その取水量は厳しく制限されていた。しかし、公共の水導管から引かれた水は一階にしか届かなかった。

これでも、昔ながらのアトリウムのある住宅では、全体が同一階に建てられているので不都合はないが、何階もある集合住宅では、問題は深刻である。消火活動は改善されなかった。与圧された噴水はなく、消火用の筒口もない。こんにち最も辺鄙な村で行なわれているように、容器を手渡していって、運搬中に水が半分ほどなくなる消火リレーが行なわれた。平素、水汲み場へ行って、水甕を頭頂か肩に担いで持ち帰るのは、奴隷か使用人の仕事である。このような光景は、こんにちでも東方の都市で見かけるが、古代を通して見ることができた光景であった。

トラヤヌスの治世まで、テヴェレ川の右岸地区へは、飲料水が充分供給されていなかった。住民は井戸か雨水の貯水槽に頼らねばならなかった。共和政初期にパラティヌス丘、カピトリヌス丘、フォルム・ロマヌムで行なわれていたのと同じである。アウグストゥスは、右岸のナウマキア池に水を張るため、多額の費用を投じて特別の水道〔アルシエティナ水道〕を建設し、この人工池で海戦ショーを開催、市民の娯楽に供した。しかし、日常使える清浄な水を選ぶ配慮を怠ったので、この水は公園の灌水にしか使えなかった。

ネロは、この新しいローマ市にプライベートに利用できる広大な空間を残しておき、そこに庭園を造成した。この点で、彼はすでに一世紀間続いていた伝統に従っただけである。ルクッルス庭園やサッルスティウス庭園については、すでに触れた。アウグストゥス時代、そしてそれ以降も、これらの庭園以外に大きな地所が造成された。テヴェレ川右岸（ヤニクルム丘の斜面とテヴェレ川沿いの狭い平原部）だけでなく、エスクィリヌス丘にも造られた〔追加図版I〕。その結果、ローマにも「緑のベルト地帯」ができた。北方や東方へは、クィリナリス丘、ウィミナリス丘、スブラ地区に接する人口稠密地区を通り過ぎると、ローマ市は木々の梢が見おろす長壁のあいだを通る迷路のような凸凹道になっていく。カピトリヌス丘やフォルム・ロマヌム周辺の中央部では、アウェンティヌス丘まで騒々しくて活気があるのに、このすぐ隣の郊外は閑静なままである。交通手段の欠如や庭園所有者の意向によって、このような奇妙な現象が生まれた。空間不足のため、ローマの街は上方へ高く伸びていかざるをえず、上下方向は可能なだけ詰め込まれた状態となった。カピトリヌス丘から二〇〇〇パッスス〔約三キロメートル〕たらずの地点からは、まだ田舎であった。

六四年の大火のあと、ネロはあえてこのローマ市の境界をもっと近くにもってこようとして、当時まで建物が建っていた街区を少しずつ取り壊した。彼の「黄金宮殿」（この典型的な「都市の別荘」の名称）は、カリグラが着工したパラティヌス丘の宮殿と直接連絡されていて、エスクィリヌス丘にあるかの有名なマエケナス庭園と繋がっていた。その中央部、こんにちコロッセウム〔現コロッセオ〕が建っている窪地に、ネロは大きな池を掘らせ、その周りを田園のミニアチュアで取り囲んだ。そこには、村落、森林、放牧地など、ローマ市から遠く離れていると錯覚させるものがすべて揃っていた。立派な列柱廊を通れば、フォルム・ロマヌムから宮殿の入り口まで行くことができた。しばらくのあいだ、ネロは、このような個人的享楽のために、ローマ市の大半を没収した。彼が死ぬと、黄金宮の庭園は細分化された。おそらくマエケナス庭園そのものも建設用地として分譲され、フラウィウス朝の皇帝たちは、ネロの宮殿の大部分を万人の娯楽施設建設に当てた。このため、池の水が抜かれ、そこにフラウィウス朝の円形闘技場——古代よりコロッセウムの名で知られる——が建設された。円形闘技場の北側にあるカエリウス丘の斜面には、ティトゥスが大規模な浴場施設を建設した。彼の名が付けられた大共同浴場である。

ティトゥス共同浴場のあと、まもなくトラヤヌス共同浴場が続き、世紀を追うごとにますます豪華な共同浴場が建てられ、巨大なディオクレティアヌス共同浴場(現在ローマ国立博物館がある)[1]が建造されるとともに、ローマ市の住民の日常生活に、まさに革命が起こりはじめる。この流行の嚆矢、青年のために運動後の疲労回復用施設として建造された「マルスの野」にあるサウナ風呂(アグリッパのラコニクム)については前述した。そこから遠くないところに、ネロは、同じように若い競技者に配慮して、もっと端的にいえば、ギリシアの流行にならって、体育場をもう一つ建造した。この体育場にも共同浴場が併設されていた。おそらくローマ市には、これらのほかにも浴場施設があったが、それらは私人によって経営され、自宅に浴室を持たないローマ人の、基本的衛生施設となっていた。しかし、ティトゥス共同浴場の建設とともに、視点が完全に変わった。浴場は、もはやレスリング場や体育場の付属施設でも、たんなる衛生施設でもなく、娯楽場と化した。それは「カフェ」であり、人びとが出会い、ゲームに興じるクラブであった。

(1) 近年、主な収蔵品がマッシモ宮に移転されたため、同博物館の一部門となっている〔訳註〕。

確かに、ローマ市に住む大多数のローマ人は暇であった。暇を充分持ちあわせているのは、貴族、元老院議員、行政に携わる騎士身分の者だけではなく、貴族の被護者《クリエンテス》や、皇帝から小麦・油・ワインが支給されている市民全員である。フォルム・ロマヌムでは、人びとがいつも裁判で争ったり、長口舌を奮っていたりするわけではない。毎日、競技が競技場や劇場で催されているわけでもない。毎日、皇帝が擁立されたり、退位させられたりしているわけでもない。この頃、浴場に長居する風習が生まれた。冬は、温かい部屋が快適であるし、夏は、水が冷涼で、列柱廊には日陰が充分ある。先見の明ある建築家は、かつてのレスリング場のトラックを、植栽や芝生のあいだを通る小径に変えた。共同浴場は、平民の別荘《ヴィラ》である。一日のうち何もすることがない時間を、共同浴場以外のどこで、もっと楽しく過ごすことができようか。朝の伺候が終わり、食糧の購入——庶民階級では男性はこれを奴隷や妻に任せない——を済ませ、いくつかの仕事を処理してしまうと、そのあと、何もすることのない長い午後が待ち受けていた。そこで、昼寝のあと共同浴場へ出かける。女性もないがしろにはされていなかった。女性専用の施設もあった。女性専用の施設がない場合、女性専用の時間が定められた。ローマ人は「混浴」を経験したことはない。

ローマ人の入浴は長く複雑な活動である。おもにどんなときに入浴したのか、一般にどのように入浴したのかは、こんにちでも、現代の「トルコ風呂」の風習に残されている。まず乾式サウナ室へ入り、そこで高温の熱気に晒され、大量に発汗することから始める。このサウナ室はスダトリウムと呼ばれた。サウナ室へ入るまえに、ぬるま湯の温浴室《テピダリウム》に入ることが多い。温浴室は、徐々に体を熱気に慣らすことを目的とした過渡的な場にすぎない。温浴室に入るまえに、更衣室《アポデュテリウム》で服を脱ぐ。一人か二人の奴隷が、脱ぎ捨てた服を見張っている。更衣室は盗人が好んだ場所であり、トゥニカ、パッリウム、サンダルを盗もうとする犯人をそこで取り押さえることも稀ではなかった。しかし、入浴者は素っ裸で入浴を続けた。身体が充分汗に覆われると、涼みたくなることが多い。手で大きな泉水盤から少し水を汲み、冷水を体にかける。ついで、熱い湯の浴槽に入る。必ず使用人が小さな垢擦り《ストリギリス》べらで丹念に全身を擦ってくれる。最後に、冷水プールに飛び込んで身体の組織を引き締めると、入浴は終わる。浴槽が広いと、少しだけ泳ぐ。水から出ると、マッサージ師の世話になる。マッサージ師は香油を塗った手で筋肉を一つずつ揉み、本人は体の緊張を完全にほぐそうとしていた。

　当然のことながら、午後、時間の余裕があれば、長時間、共同浴場に留まり、何人かの仲間と入浴し、温浴室かプール脇でとめどもなくお喋りをする。晴天だと、テラスに寝そべって、日光浴をするか、ボール遊びをする。医者の教えるところによると、入浴が本当に効果があるのは、入浴の前後に適度の運動をした場合だけである。したがって、お年寄りが三、四人で真剣な顔付きでボール投げをし、点数を付けたり、そらしたボールを奴隷に追いかけさせたりする光景が見られる。あるいは、庭園の小径では、段階的に歩行数を増やしてゆく巧妙に定められた方法——たとえば、今日は一〇〇〇歩、明日は一五〇〇歩という具合に——に従って歩く。小径には距離が表示されていて、周回数に対応する歩数も示されていた。私営の浴場に遊歩道《ゲスタテイオ》があったことも知られている。遊歩道は石を敷きつめた小径であり、主人は一定の基準に従い、臥輿《がよ》に乗って、そこを散歩した。このような散歩は、われわれにはきわめて穏やかな運動と思えるが、たとえばセネカによると、体を揺さぶる運動であり、健康によいと考えられていた。お判りのように、かつて入浴はスポーツと関連があり、スポーツと完全に断ち切られていなかった。もともと、入浴はスポーツを補完するものにすぎなかったからである。しかし、ローマ的な価値観が優勢になるにつれ、スポーツは適度な、過激でないものとなり、もはや不可欠ではなくなった。不可欠であったのは、入浴という活動そのもの、活気あふれる人込み、人びとの出会い、練習を積み重ねることでいつも新しい出し物を見せてくれる芸人であった。

セネカの書簡は、浴場施設の雰囲気を活写している。「あらゆる類の、耳障りな声を想像したまえ。スポーツ選手が練習し、亜鈴を挙げているとき、挙げようとするか、挙げる振りをしているあいだ、呻き声が聞こえてくる。息をするたびに、ハァハァという音や激しい息遣いが聞こえる。安いマッサージで満足している怠け者などに出会うと、手で肩を叩く音が聞こえてくる。平手で叩くか、掌に窪みをつくって叩くかで、音が違う。さらに、ボール遊びをする者が来て、ボールを打つ回数を数え始めると、万事休すだ。これに、喧嘩早い男、現行犯で捕まえられた盗人、入浴中に自分の声を聞きたがる人を加えよう。さらに、水が跳ねる凄まじい音をたててプールに飛び込む人を付け加えよう。だが、少なくとも自然な声を発しているこれらの人のほかに、脱毛師の鋭い甲《かん》高い声を想像したまえ。脱毛師は自分の声がよく届くように、腋の下を脱毛するとき以外、けっして黙っておらず、突然叫び声を発するし、腋の下を脱毛するときは、自分の代りに相手に叫び声を挙げさせる。ついで、菓子の売り子が張りあげるさまざまな声。ソーセージやケーキの売り子、居酒屋のボーイが、それぞれ独特の調子で品物の名を告げている」〔『道徳書簡集』六、五六〕。アパートの上層階に住んでいたセネカは、このような喧騒のなかで瞑想に耽るのはきわめて難しい、と告白する。

いつも共同浴場に出入りする物売りは、街路や店舗などいたるところで商品陳列台を並べている小売商と異ならなかった。前述したように、夕食だけが、少々格式張っていた。しかし、一日は長い。とりわけ暇人には長く、人びとはいつも何かを齧《かじ》っている。こんにちでも地中海世界に残る風習に従っていたのである。フォルム・ロマヌムの列柱廊の下や、バシリカ内部や街角には、回教国の都市のスークやナポリ旧市街と同じように、肉の串焼き、小鳥のロースト、魚の油揚げといった調理食品を販売する商人がいた。露天でコンロを使って火を起こし、火の上に三脚を立てて、油が一杯入った銅の鍋を支え、衣付きの揚げ物や小蛸を料理していた。ほかの場所では、ブダンを炭火で焼いている。一つの甕にはオリーブ油、もう一つの甕にはアンチョビの塩漬けが入っている。ガルムで味付けした野菜（とくにハウチワ豆）の料理が売られていた。四季を通して果物が切れることはない。ポンペイの絵画によれば、若い乙女がイチジクを盛った籠の横に座り、客に売っている。一世紀前に移入された品種が気候に順化し、普及していた。下層民でも、当然のことのように、サクランボとか桃、すでにオレンジやレモンも購入している。異国の果物も珍しくない。小売商人も、シリア産のナツメヤシの実、アンティオキア〔トルコの現アンタクヤ〕の乾燥プラム、少量だがイタリアの果樹園で採れたザクロも売っている。

オスティアでは、居酒屋が数多く発掘されている。カウンターでは温かい食べ物や飲み物が売られ、「持ち帰り」にするか、店内で食べた。店は通りに面して大きく開いている。歩道に平行してセメント造りの大きな竈《かまど》が設けられている。農村地帯で今でも使われている「調理用の竈」と似ている。その竈で揚げ物をしたり、野菜をトロ火で調理したりする。梁には、ニンニク・玉葱・香草の束がぶらさがっている。隅の壁龕《へきがん》には神棚がある。店の裏には、敷石から大きなテラコッタ製のアンフォラの頸の部分が露出している。アンフォラには、最も安い地元産ワイン（このワイン一アス（〇・二フラン弱）〔約四五円〕分を量る枡があった）、カンパニア産ワイン、トスカーナ産ワイン、ギリシア産ワインなど、さまざまなワインが入っている。ファレルノ産ワインの値段は、並みのワインの四倍であった。下層民はあまりにも狭いアパートで料理をするのは稀であり、居酒屋で購入した調理済み食品を持ち帰ることで満足している者が多かった。

ポンペイを訪問された方は、きっと碾《ひ》き臼《うす》の多さに驚かれるにちがいない。どの家にも碾き臼がある。この臼は、ヴェスヴィオ山の斜面に豊富に産する溶岩を加工したものである。碾き臼は二つの臼でてでき

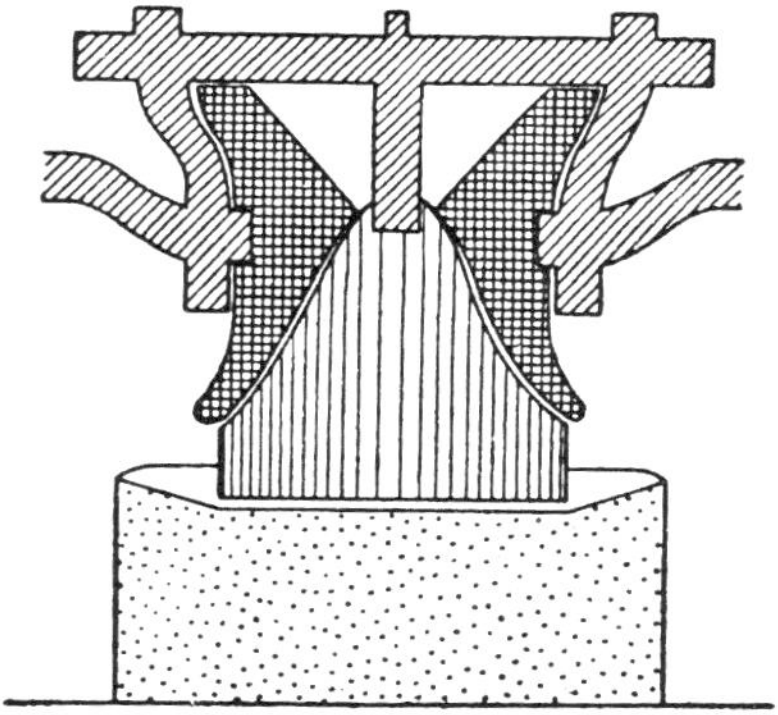

図7　碾き臼の断面図

ており、固定されている方の臼は円錐形である（図七）。この臼は挽かれた粉が落ちて溜まる一種の円形鉢の中央部に嵌め込まれ、固定されている。もう一つは回転臼であり、砂時計の形をしていて、上の部分も、下の部分も、口が広く開いていて、中央の部分が縊《くび》れている。上の部分はロートの形をしている。下半分は固定された臼のうえに置かれ、回転臼が固定臼に激しく擦りつける。回転臼と一緒に動く木枠を使って、ロバ[1]（場合によっては、奴隷）がこれを回転させる。

（1）原文では「馬」となっているが、ローマ時代、馬は役畜として使用されなかったため「ロバ」に訂正〔訳註〕。

　このようにして挽くことができる小麦の量は、きわめて少量であった。碾き臼がたくさんあるのは、このためである。当然のことだが、金持ちの地主は自宅でパンを焼いていた。かつてフランスの多くの村で行なわれていたのと同じである。どの家にもパン焼き窯があり、木を焚いて、パンを窯に入れる。パンは小さな丸いガレット〔平たいビスケット風の丸型パン〕である。生地が柔らかいときに表面に八つか一〇の扇形の切り込みを入れてあるので、その数に分割できた。この種のパンはポンペイの灰のなかから炭化した状態で多数発掘されているが、こんにち、ラバトやマラケシュ〔ともにモロッコの都市〕のパン屋が売っているパンとそっくりである。小麦粉を篩《ふるい》にかける篩の目の細かさによって、パンは何種類かに分類された。麩《ふすま》を最も多く含んだパン（パニス・キバリウス）は、奴隷が食べるパンであり、主人の食卓に出されるのは、最も白いパンであった。

多くの家にオリーブ油製造用挽き臼があった。大きな石の桶のなかで嚙み合った二つの歯車が垂直方向に回転して、オリーブを磨り潰す。オリーブ油は主要な基礎食品の一つであり、おそらくオリーブ畑は、こんにちよりも広範囲に、イタリア全土に広がっていたのだろう。

最後に述べておくと、ポンペイ近郊で発掘された大農場には、ワインの製造法を教えてくれる農場がある。こんにちでも名高いカンパニア地方のブドウ畑でブドウが収穫される。ブドウは重い荷車に積まれて農家へ運ばれ、ロープで巻揚機《キャプスタン》と結んだ梃子を使用して、ブドウが搾られる。この古期の製法は、本章が対象としている時代に改良された。圧搾するのには、現代のブドウ圧搾機と同じような螺旋《らせん》歯軸を用いた。このようにして、ほんの少しの努力で収率は向上した。ブドウの果汁はセメントの溝に集められ、この溝から大きなテラコッタ製の甕《ドリウム》に入れられる。漏れるのを防ぐため、甕には松脂《まつやに》が塗られていた。この甕は巨大であり、ほとんど動かすことができなかったので、ほぼ完全に地中に埋められており、したがって、澱引《おりび》き〔底に沈んだ滓をとること〕は難しかった。このようにして製造されたワインは濃く、タンニンを多く含んでいた。このワインには、現代ギリシアのワインの特徴である松脂の風味が付いていていた。箍《たが》が嵌められた木樽は、イタリアでは使われていなかったが、紀元一世紀末ごろ、ガリアから新たに導入された。樽は甕より便利であり、ワインの発酵・熟成の条件や香りを完全に変えてしまった。この樽のおかげで、帝国末期頃には、ガリア産ワインが名を馳せ、地中海の伝統的な産地を圧倒してしまったのである。

帝政期のイタリアでは、土地所有が少数者に集中したため、ワイン生産はなかば工業化された。ワインは、四輪の荷車に積まれた革袋で、大規模農家から大商人や消費者へ供給された。このワインをアンフォラにつめ、蜜蠟か石膏で密閉した。薄い油の膜を張り、表面が空気に触れて酸化しないようにすることもあった（この製法は、今でもイタリアのワイン生産者のあいだに残っている）。ついで、アンフォラ自体に切っ先で彫った簡潔な刻印、またはアンフォラの頸にくくりつけた小さな板によって、収穫年が表示され〔追加図版Ⅳ⑥〕、アンフォラは倉のなかの厚い砂の層に埋められ、ワインが熟成された。

＊＊＊

ヘルクラネウム〔現エルコラーノ〕、ポンペイ、オスティアの発掘によって、この時代の産業や商業の細部について、さらに多くの事実が判明している。なかでも、ポンペイ最大の同業組合がフッロの組合であったことに異論はない。フッロとは、現在の洗濯屋と「染物屋」をあわせ営んだ職人のことである。その役割は、織物屋が織物を織ったあとや、織物や衣服が汚れたとき、織物や衣服を洗濯し、後処理を行なうことであった。

　その方法はかなり複雑である。まず、少量の洗剤（たとえば、田舎でいまだに使われている「灰汁《あく》」）を入れた水のなかで織物を洗ったあと、「白土」〔火山灰・火山岩が風化した主成分が珪酸カルシウムの土〕を満たした水槽へ移し、脂肪分を除去する。次に、木の洗濯棒で叩いて、糸目をつめる。濯《すす》いだあと、軽く梳《す》いて、ビロード風の柔らかな感じに仕上げる。白い毛織物の場合、硫黄で燻蒸して汚れを取る。硫黄粘土粉を滲み込ませることがある。さらに、トガには、微細な粒子の粘土粉はかなり持ちのよい「仕上加工剤」であるからだ。そのあとでアイロンをかけ、折り目を付けた。

フッロの作業場は、次のような設備でできているので、発掘現場でも、絵画でも、簡単に判別できる。その設備とは、作業者が織物を水に漬け、足で踏んで縮絨するのに使用する大きな水槽、乾燥のための作業場、燻蒸に使う柳でできた丸い籠のような道具、各種の櫛や梳き刷毛である。プレス機はフレームに螺旋歯軸が取りつけられた昔の「印刷機」に似ている。

布の染色は、フッロか、専門の染物屋が行なった。一般的に言って、羊毛そのもの、すなわち刈り取ったままの羊毛、羊毛糸、綛《かせ》に巻き取った羊毛糸を希望する色に染めた。このようにして、均一な色調、色の均質的含浸を実現できた。染料は、染物屋自身が作るか、異国の製品の場合、完全に調合済みのものが輸入された。最も珍重されたのは緋色である。しかし、緋色という言葉が意味するのは、さまざまな色調の紫や赤であって、明確に定まった色調ではない。古典時代、緋色の染料は、地中海に棲息するアクキ貝科の軟体動物が分泌する物質から作られた。貝が生きていると、分泌液は白味がかっているか、薄い黄色をしている。貝が死ぬと、太陽光線の作用によって、レモン黄色からインディゴ青色まで一連の変色を遂げたあと、緋色に変わる。このような特性を持っているため、希望する時点で「変色」を停止させるか、あとで混ぜ合わせたりすることで、きわめて多種多様な色が得られた。

緋色の染料はきわめて高価であり、引っぱりだこであった。それゆえ、緋色を使えたのは金持ちだけである。少なくとも帝政末期には、緋色染料の製造は国家の独占下にあった。したがって、もっと安価な「代用品」を探さねばならない。そのほとんどが植物を原料とした染料であった。黄色の色調にはサフラン、赤色には、ザクロ、特定の没食子《もっしょくし》〔ブナ科植物の若芽に生ずる虫癭〕、インドから輸入されたインディゴ、さらにリトマス苔やアルカンナのような地元産の原料があった。また、鉄の赤錆、辰砂〔硫化水銀鉱物、朱紅色原料〕、煤などの鉱物も使われた。「媒染剤」は、酢や明礬《みょうばん》〔カリウムとカルシウムの硫酸塩鉱物〕であった。

一般的に言って、布地の製造、すなわち羊毛や亜麻を紡いだり、織ったりするのは、家庭で行なわれていた。しかしながら、もはや糸を紡いだり、機を織ったりするのが、主婦のおもな仕事——唯一の仕事ではない——である時代ではなかった。ずっと以前から、主婦はこの仕事を女中に押しつけていた。糸を紡ぐのは、糸巻棒と紡錘を使って手で行なわれた。糸繰車《いとくりぐるま》はなかった。機織《はたお》りには、織機を必要とした。織機の形式は時代とともに変化したが、紀元一世紀頃、完成の域に達した。

最も普及した織機は、反対側の頁に図示した織機である（図八）。織機は木枠でできている。二本の堅木《たてぎ》（AA'，BB'）があり、堅木は垂直に立てられていることもあれば、少し斜めに立てられていることもある。

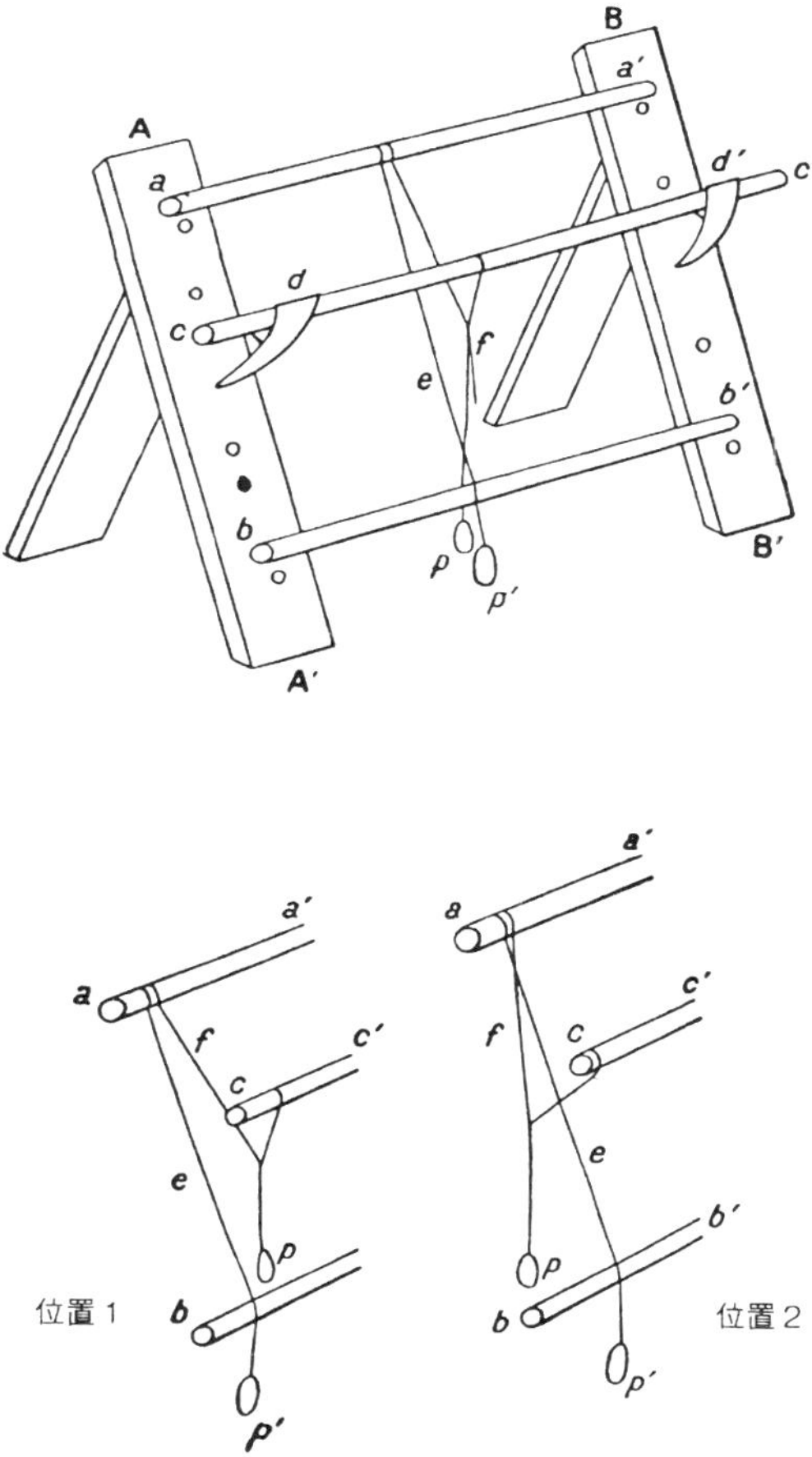

図８　織機の模式図

堅木には、等間隔で穴が開けられている。一本の水平の横木（aa'）が上部に釘で留められ、固定されている。同じようなもう一本の横木（bb'）も下部に固定されている。「動かせる横木」（cc'）は、堅木の穴に嵌め込まれた受け部品（dd'）で支えられている。縦糸は上方の横木（aa'）に結びつけられていて、交互に横木（bb'）の前方と後方へ通される。どの糸にも錘《おもり》（p.p'）が結びつけられ、張力が与えられている。下方の横木の「後方へ」通された糸は、それぞれさらに金具で「動かせる横木」（cc'）にくっつけられる（糸f）。このようにして、二本の隣同士の糸が角度をつくり、その間隙に杼《ひ》を使って横糸を通した。この作業が終わると、横木（cc'）は受け部品から外されて、堅木にくっつけられる（位置二）。この結果、張力を与える錘の作用によって、糸f（と、作業全体で経糸二本当たり一本）を下方の横木（bb'）の前部を通る糸eの後方へ戻す。このようにしてできた角度に新たに横糸を通し、しなやかな棒で先程の横糸にくっつける。ついで、横木（cc'）は再び受け部品のうえに置かれ（位置一）、以後、同じことを繰り返す。したがって、作業は上方から下方へ向かって行なわれる。横木（aa'）はローラの役目もする。布が充分長くなると、仕事をしやすくするため、織った布をこの横木に巻き取った。

織機の錘がローマ遺跡より出土することがきわめて多いことから判断すると、古代を通じ、この織機はどの属州でも使われていた。しかし、西暦初頭ころ、糸をすべて下方の横木に固定することが考案された。今度は、張力を強く掛けることができる。このため、中央の横木を改良しなければならなかった。中央の横木には糸を通せる綜絖《そうこう》スリットが付けられ、現在の手織り織機と同じように、独特の外観を呈することになった。機織り技術そのものも変化した。作業は下方から上方へ向かって行なわれるようになり、以後、横糸は歯を縦糸のあいだに嵌めた筬《おさ》で「織り込ま」れた。

この織機で横糸の色と織り方を変えることによって、図案が描けるようになった。博物館には古代の壁掛けが保存されており、技術の細部が判っている。この種の高価な布については、特別の工房がとくに東方に存在した。そこでは、羊毛だけでなく、絹・亜麻・綿も織られていた。

ずっと以前から、靴を作るのは靴職人であった。靴職人は、現代の村落に住む靴職人と同じように、露天で靴を修理したり、作った靴を売ったりする。衣服同様、社会階層によって履く靴は異なる。長いあいだ、元老院議員は、公衆の面前ではトガしか着てはいけなかったのと同じように、カルケウス〔追加図版Ⅲ④〕以外の靴を履いてはならないのがエチケットであった。カルケウスは黒色の短いブーツであり、靴底に留めた革帯を交差させることによって固定された。カルケウスの革はきわめてしなやかである。だが、この靴は急速に使われなくなり、ギリシア世界から移入された各種のサンダル〔追加図版Ⅲ⑤〕に代わっていった。しかし、大衆の面前でサンダルを履くのは、道徳頽廃の証であるとされた。

農村の住民はつねにペロを履いていた。ペロは鉄の金具が付いた短靴であり、皮製の重いスリッパとかなりよく似ている〔追加図版Ⅲ⑥〕。

＊＊＊

そのほか、ローマの都市には多くの職業があり、多数の職人がいた。大工、高級家具師、並製の家具を作る指物師、家庭用品を作る籐《とう》細工師や陶工、なかでも鋳掛屋がいた。銅製の道具がいろいろ使われていて、鍋、コンロ、各種の釜、三脚、あらゆる種類のフライパン、玉杓子や各種形状のポットがあった。これらの製品は露天で売られている。そこでは、地中海諸国数千年の伝統に従い、客が品物を選び、値切り交渉をしていた。

最も忙しい同業組合の一つは、おそらく左官《デアルバトル》の組合であった。左官の仕事は、部屋の内壁にスタッコを塗ることであり、とくに、定期的に外壁を白く塗りかえることであった。そのため左官の仕事は多かった。ポンペイで最もよく証拠が残っている風俗の一つが壁書き《グラフィティ》であったからである。おそらく帝政期のローマ市でも同じであった。誰もが思うまま壁に落書きをしたが、必要と思われる情報を同じ都市に住む市民に伝えるのにも、壁に字を書いた。家主は定期的に石灰を塗ることによって、これら壁書きを消去しなければならなかった。

ポンペイの壁書きの研究は、この都市の庶民心理や日常生活を知るうえで最も貴重な資料の一つとなっている。これを集大成した書物——新たな発掘によってつねに時代遅れとなっている——は、きわめて浩翰で、あらゆる類の情報を含んでいる。まず確認できるのは、誰もが読み書きできたと思われることである。最貧の奴隷にも基礎教育が施されていた。壁の下部には、子供の手でアルファベットが書かれており、子供が覚えたての知識を自慢している。もっと勉強が進んだ生徒は、その日の授業で習ったばかりのホメロスの英雄名を刻む。ポンペイでは、他のローマの都市と同じように、誰もがウェルギリウスの詩句を暗記していた。壁はその証拠を数多く提供してくれる。

最も有名なポンペイの壁書きは市政に関するものである。選挙「ポスター」は枚挙に暇《いとま》がないほどで、特定の候補者の長所を簡潔に褒め称えている。たとえば、アウルス・ウェティウス・フィルムスに対する賛辞は次のとおりである。「彼を按察官《アエディリス》に選ぼう。彼が適任だ」〔参考:『ラテン碑文集成』第四巻一七一番、第四巻一八三番〕。隣人あるいは特定の同職組合が候補者を保証していることが多い。同じころ、ローマ市では、政治活動が、おそらくポンペイほど活発でなかったのだろう。この小都市ポンペイの「元老院」〔都市参事会という〕の選挙は完全に自由であった。ポンペイ市民は、いわゆる都市参事会員《デクリオ》（これが市議会議員の名称）や二人官《ドウウムウイル》（市政を代表する二人の政務官）を好きなように選んでいた。ローマ市では、公式の推薦があるから、選挙は見せかけのものであり、選挙を真面目に考える者はいなかった。この時期のローマ市の壁書きは、数多く残っているものの、ほとんどが、人気の剣闘士の腕前や戦車競技の技《わざ》に関するものであった。

　かつて、これほど競技が流行したことはなかった。剣闘士の見世物が頻繁に催される。おそらく、属州の円形闘技場では、興行に際して特別の許可が必要とされたし、興業がいつも許可されるとは限らなかったことが知られている。しかし、ローマ市の大衆がこの種の娯楽を奪われることはなかった。かくして、皇帝は簡単に人気——もちろんあまり長続きしないきわめて醒めやすい人気——をあげることができたが、元首が前任者より興行を減らそうとすると、平民は我慢しなかっただろう。また、祝祭日が増加していた。皇帝の交替とともに、治世の記念日や凱旋記念日が追加されたからである。見世物は共和政末期よりもさらに豪華になった。異国の動物がずらっと並び、予期せぬ野獣の組合せ——たとえば、大蛇とライオン——の戦い、蛮族の兵士が演ずる見世物が催された。クラウディウス帝の時代、鎌槍で武装した戦車を操るブリタンニアの戦車戦闘員《エノセダリイ》が招かれたが、人びとの好奇心を満足させ、大成功を収めた。女性もこの種の興行を見物しに出かけた。フラウィウス朝の皇帝は、大観衆を収容するため、巨大な円形闘技場コロッセウムを建造した。

コロッセウムから遠くないところに「大競技場」があった。大競技場の起源はローマ初期に遡る。戦車競技が開催されたのは、大競技場か、マルスの野にあるフラミニウス競技場においてである。ネロは、私用の競技場があるウァティカヌスの原の庭園も使用した。戦車競技では、数頭の馬に牽かれた戦車が互いに速さを競う。戦車競技があまりにも頻繁に催されたので、ローマでは常設の厩舎が設けられ、組が編成された。帝政前期には、青組、赤組、白組、緑組の四組がある。どの組にもファンがいた。皇帝がある組に肩入れして、他の組をないがしろにすると、抗議行動が起こったり、騒動になったりする。このような慣行と熱狂はビュザンティウム〔コンスタンティノープル、現イスタンブール〕へ移され、そこでは公然と政治的意味合いを持つにいたる。[1] ローマ市では、少なくともアントニヌス朝時代に政治的意味合いを持っていたとは確認されていない。しかし、戦車競技の予想や賭けの話は、重要な話題の一つであった。

（1）ユスティニアヌス大帝時代、青組は皇帝派、緑組は前々皇帝アナスタシオス（キリスト単性論者）派となり、五三二年、両派間の抗争から「ニカの反乱」が発生した。コンスタンティノープルが焦土と化し、三万人が死亡したといわれる〔訳註〕。

＊＊＊

前時代以降、男性の衣服がどのように変化したかについては、すでに説明したとおりである。トガはますますゆったりとした形で着用されるが、しだいに使われなくなる。残る問題は、女性の衣服の変遷を辿ることとである。女性の衣服は、見た目はほとんど変化がなかった。相変わらずストラ、すなわち、かつてのトゥニカを少し手直ししたもの、が着用されていた。たとえば、袖は、もはや胴部分と同じ一枚の布でできたものではなくて、ボタンで縦方向に取り付けられた。この種のストラでは、「前身頃」と「背」が別々につくられ、裾から「腋の下」までしか縫合されていなかったようである。肩と袖の上部に付けられたボタンは、その縫合を補強する。これらボタンには、宝石や金銀細工で作られたものが多い。

パッラは、前時代と同様、引き続き着用され、ローマ文明の末期まで存続する。伝統的様式のトゥニカは、もっぱら少女や婚約者が着るだけで、婚約者が着るのは、儀礼のためである。

織物にはほとんど変化が見られない。やはり主たる原料は羊毛である。しかし、羊毛と木綿、木綿と亜麻、ときには木綿と絹の「混」織が始まる。絹はきわめて人気があり、重量当たりの単価は黄金並みであった。その結果、マルクス・アウレリウスは妻に絹の使用を禁じた。これらの布地はすべて染色されており、刺繍されていることも多い。衣服は一見簡素に見えるが、さまざまな装飾品で充分補われている。

同様に、宝石はずっと以前から女性の装身具の重要な要素であった。これまで幾度も留金《フィブラ》の名を挙げたが、留金には種々の大きさのものがあり、それぞれ特定の衣服を留めるのに使われた。最長のものは、八、九センチメートルに達する。金や銀製のものもあるが、青銅製がほとんどである。金銀細工師は好き勝手にその形状を変えた。しかし、通常、留金は、本体と可動ピンのあいだに充分な空間を残すようにデザインされていた。布の縁をできるだけ多く集めて、きわめて重いドレープも固定できるようにするためである。宝石やコインで装飾された留金には、まさにブローチと考えられるものさえある。割りリングでできていて、可動ピンがそのリング上を回転するのもある。

しかし、ローマの婦人の宝石類がすべて留金《フィブラ》のように実用的なものであったとはいえない。首飾り・腕輪・耳飾り・指輪が、ごく普通に使われていたからである。真珠は、エジプト経由で輸入されていたにすぎない。急速に羨望の的となった品であり、市場では婦人たちのあいだで争奪戦が起こっていた。フォルム・ロマヌムから遠くないところ〔筆者の見解では、「ウェスタ女神官の家」の東隣り〕に「宝石の列柱廊」があり、そこでは商人が宝石類を並べていた。地場の金銀細工品――かつてローマでは宝石類は同市に定住したエトルリア人職人の作品がほとんどであった――は、しだいに東方の細工より劣るようになった。金属加工品に代って、ますます宝石が所望される。まさにローマ的なものとして、カメオの技術が出現する。その手本は、当然のことながら東方にあるが、彫り師はローマに定住して、おおいに腕を磨いた。彼らの傑作が数多く知られており、第一級の歴史資料であることが多い。これらのカメオは指輪に嵌《は》めこまれる。もっと大型のカメオは、ブローチの中央部に使われる。男性も、カメオを身に付けることを嫌がらなかった。

＊　＊　＊

女性の髪型の変遷は、帝政ローマの風俗史で最も特異な現象の一つである。アウグストゥス時代まで、いや、おそらくそのあとも、名門既婚婦人《マトローナ》は細い帯紐で結った編み髪を後頭部で束ねる風習を持ち続けていたが、やがて突如、奇妙なほど複雑な形を案出する。紀元前一世紀の男性の例にならって、小さな巻き髪の数を増やしはじめる。フラウィウス朝になると、小さい巻き髪を積みあげるというきわめて複雑な作業によって頭上に非常に高く結いあげた、まさに王冠型髪型〔追加図版Ⅲ②〕が見られる。この髪型は髪が囲むことで顔の輪郭を細長に見せ、額を包み込む。うまく結うのは時間がかかり、きわめて難しかったにちがいない。諷刺詩人たちの語るところによると、毎朝、大勢の女中が髪型の大作を結おうとする。アイロンを暖めさせ、巻き毛をつくって、それを捩《ね》じった布の周りに一つずつ巻きつけてゆく。髪型は、髪全体のなかに隠されている長いピンで固定される。婦人が座っている。一人の女中が、婦人の前方で磨いた青銅か銀の重い鏡を握っている。もう一人の女中が美容師《オルナトリクス》にピンを手渡す。婦人は、髪型が気に入らなかったり、不器用なため時間がかかりすぎたりすると、ピンを一本取って、残酷にも、そのピンで責任者を刺すことをためらわない。

ついで、流行が変化した。このような髪型はあまりにも複雑であるため、長続きしない。今度は、巻き毛で作ろうとしていた型を、編み髪でつくろうとする。三つ編み髪をたくみに積み重ねて、一層ないし三層ある王冠型髪型をつくる。ほかの三つ編み髪で後頭部を飾り、後頭部を大きく見せる。ところが、やがて単純化へ向かう。その結果、二世紀中頃には、女性は高く結う髪型を諦め、真中から左右に髪を分けて、整った「ウェーブ」とし、後頭部にたっぷりと編んだ髷《まげ》を結いつけることで我慢する。髷をヘアーネットで固定することもある。この髪型は頭のてっぺんまで兜の頂飾りの形になる。これらの髪型は、アクセサリーを付けて完成する。アクセサリーとしては、真珠や宝石で飾った布か貴金属の王冠、象牙の櫛、青銅のピンがある。鬘《かつら》も知られていなかったわけではない。大量の髪の毛がインドから輸入されていたからである。毛染め用の染料もあった。

婦人みずから、あるいは女中の一人が、化粧品と香水で仕上げると、ようやく化粧が完了する。化粧の習慣はきわめて早い時期から普及していた。この習慣は、予想とは異なり、東方から直接ローマに伝来したものではなく、イタリア、とくにカンパニア地方からラティウム地方へ伝えられたものである。共和政末期、カプアはまだ香水製造の中心地と考えられていた。セプラシア地区（カプアの幹線道路が通る地区）では、ほぼこの商売しか行なわれていなかった。だが、やがてローマの香水業者はカプアを羨ましがらなくなった。宝石商や金銀細工師と同じように、香水業者も自分らの列柱廊を持ち、店を構えるようになったからである。

古代には、こんにち香料の主たる溶剤として使われている濃縮アルコールはなかった。溶剤としては、オリーブ油、アーモンド油のような油剤を用いた。前者はイタリア産であり、後者はシリアの果樹園から輸入された。厚化粧に使われる化粧品には、刈り取ったばかりの羊毛から採れる粗製ラノリン（オエシュプムム）〔羊毛脂〕で調合されたものもあった。香料そのものは東方の産品であり、絹同様、アラビア・

インド・中国との、きわめて活発な交易品であった。これら香料の名前は、今なお不思議な権威を保っている。エジプトのシナモン〔クスノキ科の植物〕、インドまたはフェニキアのアモマム〔ショウガ科の植物〕、ナルド〔カンショウコウの香油〕と没薬《もつやく》〔カンラン科の諸植物から採った樹脂〕は最も高価な、香油の基本成分であった。しかし、古代の香水業者は地場の花をないがしろにはしない。コリントスはアイリスで有名だし、ローマ人は、マケドニアやルカニア地方〔現バジリカータ地方〕のパエストゥム周辺で薔薇《ばら》、ダルマティア内陸部の渓谷でアイリスを栽培させた。キュレナイカにはオオウイキョウがあり、有名な薔薇油もあった。そのほか、百合のエキスもある。キリキアでは、サフランが栽培されていた。

化粧品の製造には、天然の顔料なら何でも使用された。アクキ貝の緋色は珍重された赤であり、プルプリッスムと呼ばれていた。その他の調合品は、鉛丹《えんたん》〔四酸化三鉛〕やアルカンナ〔赤色の根を持つムラサキ科の植物〕の根、海草から抽出したフクスと呼ばれる製品〔リトマス苔から取った色素〕を主成分としていた。ローマの婦人は、目の輝きをよく見せるため、アンチモン粉末の性質を利用した。回教国の女性は現在でもこれを使っている。さまざまな芳香を持つ脂肪から得られた煤《フリゴ》は、コール〔アジアやアフリカの女性が用いる眉墨〕として目の下に黒い線を描くのに使われ、目を大きく見せた。顔色を白くするには、鉛白〔塩基性炭酸鉛〕を用いた。こめかみを染めるのには、青味がかったクリームが使われた。最後に、シドン〔レバノンの現サイダー〕のヘンナ染料〔ミソハギ科の熱帯植物から採れる赤褐色染料〕で髪の毛を染めた。

したがって、婦人はあらゆる色の化粧品を持っており、それらをたっぷりと使うことができた。液体の香油は、アラバストロス（細長い形の瓶）とかアリュバロス（球形の瓶）と呼ばれる、鶴頸の付いた小さなガラス瓶に保管された。アラバストロスもアリュバロス〔追加図版Ⅲ⑦・⑧〕も、細頸の上部が大きく広がった円盤状になっており、その円盤のうえで香料や化粧品を一滴ずつ延ばしたのである。もっと濃厚な化粧品は丸い箱に入れられていて、筆で取り出した。このように、婦人はみな自分の「化粧道具入れ《アラバストロテケ》」（手の込んだ細工が施された化粧箱）〔追加図版Ⅲ⑨〕を持っていた。前述したように、男性にも、入浴後に香油を塗る風習があった。同時に数種の香料を使用する粋な男もいたが、このような使い方は一般的ではなかった。やはり化粧品そのものは、どう考えても女性のものである。したがって、化粧した男性は、品行方正でないことを示しており、一般的に言って、嘲笑の的となっていたと思われる。

＊＊＊

アントニヌス朝とセウェルス朝の世紀は、大型の別荘《ウィッラ》が増加した時代である。別荘はローマ市から離れた地点に建設されることが多かった。新しい理想の導入とともに別荘建設が流行しはじめた経緯については、前述した。[1] この理想は、生活の面では「勉学に勤しむ余暇」となった。やがて贅沢が進み、さらに快適な生活を追求するようになるにつれて、「別荘」建設の技術が完成した。ともかく、ローマ人が、郷愁を抱く田園に近づけようとすればするほど、ローマ人にとって、この技術が貴重になった。都市の住宅の周辺部に造られた庭園では、この深遠な趣味を満たすことはできなかった。ネロがローマ市で大庭園を建設したあとで行なった試みは、束《つか》の間《ま》のものであった。地価があまりにも高いので、フラウィウス朝時代、宮廷詩人やモラリストは、たった一人の享楽のために何ヘクタールもの用地を使おうと考えたことに対して憤慨する。カエサルは、遺言によって、所有していた大庭園を民衆に遺贈した。しかし、その庭園は都心から離れたテヴェレ川右岸にあった〔追加図版I〕。メッサリーナ〔クラウディウス妃〕や小アグリッピナ〔クラウディウス妃、ネロの生母〕の時代になると、皇帝は、徐々に他の大領地を没収し、まずそれを自分の庭園として使用する。しかし、都市計画のニーズに応じ、少しずつ譲渡せざるをえなかった。その結果、エスクィリヌス丘には、次第に建物が建造された。紀元一世紀の皇帝が持つ巨大な庭園のなかで残ったのは、ポルタ・マッジョーレ門付近の、市街区域外にあった庭園だけである。[2]

（1）六一頁〜六三頁参照〔訳註〕。

（2） タウルス庭園、ラミア庭園、トルクァトゥス庭園など〔訳註〕。

その代わり、ドミティアヌス帝の治世以来、パラティヌス丘のほぼ全域に人が住んでおり、そこに皇帝たちが住居を構えていた。

近年の発掘によって、この宮殿の面影が戻り、宮殿の巨大なペリステュリウムがパラティヌス丘の斜面に「大競技場」のほうを向いて階段状に並んでいる。この発掘によって、この時代のローマ人がどのような建物を「理想的な」別荘と考えていたかがかなりよく判る。ドミティアヌス帝の建築家は、断固として古い形のペリステュリウムを残そうとした。前述したように、ペリステュリウムは、共和政末期に高く評価されたあと、しだいに都市の住宅では見かけなくなっていた。居住空間は、四方が閉じられ、本物の植栽が茂る広大なパティオ〔スペインの中庭〕の周りに配置される。いたるところに、記念建造物のような泉水、高価なモザイク、彫像がある。皇帝のプライベートな生活は、現在のイスラム大貴族の場合と同様、完全に秘密が漏れないようになっている。しかしながら、パラティヌス丘にある皇帝の建造物のなかで、おそらく最も奇妙なものといえば、居住空間の下方に造られた、競馬場のように見える庭園である。全体が競技場のプランなので、長いあいだ、皇帝がそこでプライベートに見世物を開催していたと考えられていた。実のところ、これは遊歩道にほかならない。列柱に囲まれ、小径が競技場のように配置されているが、徒歩か、臥輿《がよ》に乗って行なら静かな散歩のために緑葉の環境を提供していたにすぎない。これは、ギリシア体育の古い伝統を、庭園での長談義や散歩という生活の好みに適応させたものである。

ドミティアヌス帝の宮殿は例外的な建造物ではない。ヘルクラネウムの発掘によって、ずっと以前から「パピルス荘」（なかば炭化した蔵書がそっくりそのまま発掘されたため、このように命名された）が知られている。この別荘にも一連のペリステュリウムがあり、同じような遊歩道が設けられている、塔の形をした東屋《あずまや》があり、まさに静謐な「閨房」となっている。

しかし、ドミティアヌス帝の壮麗な宮殿も、ヘルクラネウムの別荘も、一世紀末から流行した「農村の別荘」の唯一の様式ではない。この時代の住宅建築に浸透し始めた精神を理解するために参照しなければならないのは、小プリニウスの書簡と、ハドリアヌス帝がティヴォリ平原に建設した皇帝の別荘である。

これらの別荘は人口稠密地域から遠く離れた地点に建設されており、事実上、空間の制約を受けていない。第一の関心事は、風景に溶け込むことである。小プリニウスは、トスカーナ地方に所有する庭園が大きな円形闘技場状の地形の中腹に設計された経緯を説明している。この庭園は自然の地形を崩していないし、庭園の境界そのものも生垣で隠され、見晴らしを遮る壁もない。彼が持っていたもう一つの大きな別荘、すなわちラウレントゥムの別荘は、テヴェレ川河口から遠くない海辺に建てられている。ここもまた、段丘の配置に恵まれているので、庭園は気がつかないうちに森から海へ移行していく。これら二つの有名な別荘は文献で知られているだけである。それに反して、ティブル〔現ティヴォリ〕の麓にある「ハドリアヌスの別荘」の、全体の配置には感嘆を禁じえない。ここでも主導しているのは風景である。北方と東方には、サビニの山々の裾野とティヴォリ丘陵が広がっている。この凸凹した地形は、アニオ川の滝が水を潤す小都市ティブルを囲む果樹園やブドウ畑の豊かさとは対照的である。南方と西方には、広大なラティウム平原が広がっている。ここはこの二つの風景が移行する地点にある、狭い帯状の土地である。もはや西風が吹きつける海岸地帯でもなければ、まだ山地の灌木地帯でもない。オリーブ栽培に適した土地であり、遺跡の周辺のいたるところにオリーブの灰色の葉が輝いている。別荘そのものは、平行して走る二本の小さな谷に挟まれた段丘上にあり、周囲に広がる景色をすべて見渡せる位置を占めている。もはや建築の主要な要素としてのペリステュリウムはない。それどころか、閉じられた建物がないのである。この別荘は外部へ向かって広がっており、比較的小さな要素に極端に分割されていて、巨大な建造物よりも風景に溶け込みやすくなっている。たとえば、パラティヌス丘の「競

図9　列柱廊のある別荘
(「ルクレティウス・フロントの家」)

馬場」〔ドミティアヌスの遊歩道〕と、ずっとのちの後継者ハドリアヌス帝のポイキレ〔ハドリアヌスの別荘の彩色列柱廊〕を比較すると有意義であろう。ポイキレは、アテネにある同名の建造物を記念して建設された列柱廊である。これは、パラティヌス丘の「競馬場」と同じように、きわめて細長い楕円形の遊歩道にほかならない。しかしながら、閉じられた列柱廊で囲まれる代わりに、列柱廊は基軸の壁を背にし外部へ向かって開かれている。閉じられた庭園は開かれた庭園に変わる（図九参照）。日常生活を飾るのに使われたのは、風景全体であり、もはや人工的に境界が設けられた空間ではない。

　この種の別荘では、従来のアトリウムはほぼ完全に消滅した。アトリウムがあるとしても、プライベートな生活を営む部屋の中央に、小さな中庭の形に縮小されたものが設けられているだけである（たとえば、スタビアエ〔ポンペイ南六キロ〕のアトリウム）。中央の雨水だめ《インプルウィウム》には噴水があり、そこでは水盤から絶えず水が流れていて、暑いときには眠気を誘う。ほとんどの部屋が直接、列柱廊に面している。列柱廊は家から庭園への移行部分である。一年の各時季の明るさと日照が計算される。あるパビリオン（大規模な建物の両翼の突出部分〔図九参照〕）に日が射すのは夏至の日だけである。別のパビリオンは冬至の頃でも暑く、明るい。したがって、別荘での生活は、月ごとに部屋を移ることによって、季節に応じ、最も生活しやすい部屋で営まれる。

これらのどの大別荘にも浴場がある。熱浴室は、大共同浴場にあるのと同じものであり、植栽と花に覆われたテラスの上には、野外プールが設けられている場合が多い。海辺の別荘には、通常、私用の港が設けられ、巨大な海水プールもある。プールでは、水泳ができるし、とくに、主人の食卓に出す魚が飼われている。

しかし、娯楽と贅沢のためだけにこれら農村の住宅が建てられたとは考えないようにしたい。小プリニウス自身、夕方、自分の庭に牛が迷い込むことがある、と述べている。別荘にはつねに農場が併設されている。遊歩道（または「競馬場」）の背後には、果樹園や菜園が広がっている。きわめて調和のとれた景色をつくっているオリーブ畑とブドウ畑は、収入をもたらし、食材供給にも寄与する。とくに、ローマ人は、ある程度豊かな田園に囲まれていると感じないと、完全に満足できなかった。皇帝によって元老院や公職に迎え入れられた新貴族は、昔の貴族がラティウム地方の出身者であったのと同じように、属州小都市の出身者である。これらの新貴族はヒスパニア、ガリア、イッリュリクム、アフリカに農場を所有している。彼らにとって、大地は人が暮らす自然環境であり、人が完全に幸福となれる唯一の環境である。ローマ市は公的活動の場にすぎないから、できるかぎり速やかにそこから抜け出す。故郷を失った平民は、ローマ市だけを余暇を過ごす環境と考えているが、貴族、いやむしろ指導者階級は、庭園や農場を夢見ている。

しかしながら、奇妙な対比であるが、ローマ人は都市のあらゆる贅沢や関心事を農村の別荘に持ち込んだ。芝生、月桂樹の植込み、松・糸杉・プラタナスの葉叢、薔薇《ばら》のアーチを好んだが、われわれが吃驚するような人工的構図も好んだ。たとえば、小プリニウスの庭師は、ツゲを刈り込んで、「遊歩道」のかたわらに動物や文字を描くことを思いつく。ほかの場所では、イチイの木を刈り込んで、船団や狩りの光景をつくったりする。後者では、鹿、猟犬の群、馬上の狩人など、あらゆるものが揃っている。専門家は自然の樹形を撓《たわ》めて、樹木の絶品を作ることを覚えたのである。ポンペイのペリステュリウムからは、同じ考えから、彫像や草木を使って情景を造りだした痕跡が発掘されている。自然のままでは充分でない。芸術によって自然に生気を与える必要がある。このような庭園を眼前にすると、成り上がり者トリマルキオンの常軌を逸した行動が念頭に浮かぶ。彼にとっては、すべてがミモス劇であり、芝居である。どんな物も単純にその物自体ではありえない。肉はその味で、木はその美しさや緑陰の涼しさで評価される。良かれ悪しかれ、猪の部位も、プラタナスも、「ミモス劇」に組み入れられ、ミモス劇はそれを変形する。ローマ人は、つねに芸術と人工を混同しつづけたのである。

＊＊＊

ローマ市や別荘にある庭園は、神々の彫像で満ちている。人工池や水路のそばには、ファウヌス・サテュロス〔半神半獣の森の神〕・ニンフの彫像、バッコスの行列、ニオビデス〔ニオベの息子七人と娘七人〕、ネレイス〔海のニンフ〕が飾られている。いたるところで、鄙びた聖所やその伝統的奉納物が、画家や彫刻家が競って装飾の構図に用いた田園のイメージを醸し出している。しかし、この庭園の所有者は、もはや自分を取り囲むこれらの神々を信じてはいない。前述したように、神々はかつて日常生活のなかにいた。タブリヌム(1)にある神棚では、神々が家を見張っていた。神々に対し、塩を供え、ワインを注ぎ、特定の祝祭日には花を飾り、祭礼用の菓子を供える。同様に、ローマ人は、競技を見に行くたびに、都市の主要な神々と出会う。これらの神々の彫像は、「聖なる席《プルウィナル》」(2)に安置され、戦車競技、運動選手の競技、俳優の演技を見守っている。大規模な公式の儀式は、すべてローマ国民と神々の関係を再確認することが目的であった。勝利を収めたときにも、災害が発生したときにも、元老院は公式の感謝祭《スプリカティオ》(3)を決議する。その際、聖所の扉が開かれる。誰もが自発的に聖所に入り、神々に祈りを捧げ、花飾りを供えて、ワインを注ぐ。しかし、ローマの宗教は集団生活の活動にとどまっている。市民は社会集団の一メンバーとしてその活動に参加する。秘められた人格も、魂も、宗教活動とのかかわりはまったくないか、ほとんどない。祭礼の目的は明確であり、主として現実の効用にある。祭礼では理性も心も満たされない。

(1) 原著の誤植「タブラリウム」を訂正〔訳註〕。
(2) 神々の像や神として祀られた人物の像が安置される、布団が敷かれた寝椅子〔訳註〕。
(3) 国家の大災厄や大慶事に際し、全国民が神々の像の前で祈りを捧げる儀式。神像は「聖なる席」(プルウィナル)に安置された〔訳註〕。

しかし、とくに帝政が始まってからは、公の儀式は新たな性格を帯びる。たとえば、今や「感謝祭」が行き過ぎと思われるほど増加した。皇帝一家内部のどんな出来事も、恩赦という尋常ならざる行為の口実とされる。皇帝に盲従する元老院の追従的な動議を厳格に適用するなら、一年のすべての日を充てても足りないだろう。幸いにも、宮廷では定期的に革命が起こり、前夜票決され、永遠に有効であることを願っていた決定が取消される。公式の鳥占いは、もはや空しい儀式にすぎず、信じる者は誰一人としていない。重要な祝祭日には、執政官は父祖と同様に行なっていれば安心である。皇帝がキリスト教徒になっても、執政官はこのような儀式を続ける。しかし、これはまさに気休めの行為であって、一介の市民には何の勤行も求められない。公式の神々に対しては、漠たる信仰に甘んじており、かかる信仰は真の信仰というより、慣行というべきものである。もはや競技は見世物にすぎず、祈りの一形態ではない。

しかしながら、宗教を求めているのは魂である。伝統的神々はもはや芸術家の口実または題材と考えられているにすぎない。しかし、それ以外の神々が続々と現われる。民衆の信仰心は、東方から伝来した神や女神を歓迎する。人びとは国家の安寧を保証する祭祀は公式の神官に任せ、みずからの救済のことを案じている。このため、エジプトの神々のオシリスやイシス、フリュギアの大地母神、太陽神ミトラ〔ペルシアの神〕に対して犠牲を捧げる。これらの神々に気に入られようとして、民衆は禁欲を実践し、苦行を積み重ねる。イシス信者は長期間の断食を受け入れる。ミトラ教の供犠執行人は、信者が祈りを捧げているピットのうえで生贄《いけにえ》の牛を殺し、血があふれ出て信者に振りかかる。そのとき、ミトラ教の信者は凄惨な血の洗礼を受ける。このような勤行は何人かの狂信者だけが行なっているのではない。神秘主義の風潮は全社会階層に蔓延する。ほとんどのローマ人は何らかの宗教団体に属し、神官が説く教義に従う。おそらく正式の教会は存在しないし、これらの宗教的行事はすべて、不思議なほど無秩序なままである。皇帝が祈禱師の特定の宗派を追放することがあっても、全体として見ると、このような動きを抑圧することはできない。公式の勤めで満足していたローマ人のかつての「常識」は、この神秘主義の波に呑み込まれてしまう。誰もがぜひとも来世で幸福になりたいと願う。その幸福とは、アドニスやオシリスにならって復活すること、ディオニュソスに率いられて「永遠への道」を学ぶこと、あるいはミトラにより霊魂の不滅が与えられることである。ギリシア化した唱導者の影響力は相当なものである。彼らは再びエレウシス教[1]とかピュタゴラス哲学[2]が説く古い命題を取りあげる。それらの命題を劇にしたり、激しい情緒でもっともらしく見せたり、官能的な典礼で飾りたてたりすることによって、取りあげたのである。

（1）ギリシアのエレウシスを聖地とするデメテル（ケレス）とその娘ペルセフォネ（プロセルピナ）を崇める神秘的宗教。ペルセフォネが冥界から地上へ戻ってくることが復活を意味するとされ、入信者に死後の復活を約束した〔訳註〕。

（2）ピュタゴラス教団の哲学。魂はもともと神的な存在であるが、無知ゆえに肉体という墓に閉じ込められ、死んでいる。魂は、知恵の探求によって死から復活し、再び神的本性を回復する必要があると説く〔訳註〕。

さらに、「占星術師」の託宣が下されるのは、将来の生活に対してだけではない。ほとんどの占星術師は、お金をもらって現世の問題の帰趨も診断していた。おそらく、占星術がこれほど信じられていた時代はなかったであろう。星がどんな些細な出来事も支配している、とかたくなに信じられていた。多くのローマ人は「暦」を見てから行動を起こす。この暦は占星術師が編集したもので、どんな問題にも最も適切な時期を定めている。あるマルセーユ出身の医師は、患者のホロスコープによって決まる治療法を行なおうと考え、星の命ずるところに従った方法で患者を治療した。

当然のことながら、占星術師（「カルディア人〔古代バビロニア地方の住民〕」とか「数学者」と総称されることがあった）は、あらゆる類の予測、他人に最も話したくない事柄についても相談を受けた。相続するのを期待している親族の死、嫌気がさした妻や夫の死、陰謀の成就とか商売の成功についても相談した。この早くから皇帝の権威は揺らいでいた。占星術師は秘密裡に相談に応じてはならない、と命令された。この命令を無視したため、タルペイアの岩から突き落とされたり、笞で打たれたり、首を刎ねられたりした占星術師もいた。だがそれでも、野心を持った者は、密かに元首たちの運勢を調べ、彼らの死亡時期を計算しようとした。市井の占星術師は、予言の正しさを認めさせるためには、どんな手段も用いる。だから、依頼した者に媚薬や毒を売る占星術師が多かった。

ローマの墳墓を発掘すると、奇妙な人形《ひとかた》や呪詛の言葉が書かれた金属板などが出土することがある。これは呪詛の慣習を示す遺物である。神々、とくにヘカテ（地獄のディアナ）に対し、犯意の成就、競争相手の死、戦車競技で勝ちすぎる御者の手足の切断を願った。鉛の切れ端や瓦の破片に殴り書きされたメッセージは、死者の王国へ届きやすくするため墓に埋められた。毒を盛る女性、女祈禱師、占星術師、さまざまなペテン師、東方の神々に仕える悪徳な山師が、帝政下のローマの卑劣で風変わりな社会基盤を形成していた。当然のことながら、政務官や皇帝は、アジアから到来するものすべてに警戒の目を向ける。キリスト教が、その初期、疑いの眼差しで見られたのは当然である。キリスト教も、永遠の生命、禁欲または断食の実践、帝国崩壊後のメシアの出現という教義を説いていたではないか。同じような信仰は、バラバラではあるが、あまりにも多くの宗派を活性化させたので、人びとはこの教義をキリスト教と混同しようとした。

最も高貴で、最も教養あるローマ人でも、この時代の俗信に影響されていた。しかしながら、彼らは、俗信のなかの最も洗練された要素や哲学の教えと一致する要素しか採用しない。占星術を信じることは、神意によって世界を統《す》べる神に対する信仰と混同される。したがって、当時、星辰のせいだとされた行動は、神を介入させるための仕掛けにすぎなかった。たとえば、タキトゥスは、まさに宿命で、帝国の栄枯盛衰を説明することがある。宿命はある者を不可避的に権力の座に座らせ、時期が来れば、定められたとおり失脚させる。ギリシアの王政時代と同じように、運命の女神が信じられる。革命や軍事「クーデター」によって定期的に、運命の女神が予想を無視して、素性が下賤な者を帝国へ呼び寄せ、気の赴くまま失脚させることが証明される。奴隷が皇帝の寵臣となり、数年で嘘のように多額の蓄財をする。誰しも心密かにいつかチャンスが巡ってくると考えている。おそらく、誰もが帝国を手中に収めようとしているわけではないが、何らかの事件が起こって、自分の運勢を変えてくれることを期待している。ローマ市の貧民層は生まれつき博打が好きである。骰子《さいころ》の一振り、戦車競技での特定の馬の組合せ、円形闘技場での特定の剣闘士に対する賭けで当たることを、いつも期待している。権力者は思いやりから、パン・油・ワインを支給する。「保護者《パトロヌス》」は被護者《クリエンテス》に施物を配り、日々の食糧を補給する。それ以外のことを行なうのは神々である。したがって、フォルム・ロマヌムでは、暇を持て余した群集が弁護人の発言を聞いたり、行列のあとをつけたりしているし、男性は、季節に応じて、日なたか日陰で寝そべって数時間を過ごし、石畳に線を引いた碁盤目でさまざまな遊びに興じている。ローマの平民は頽廃的である。彼らの余暇は属州の労働によって得られたものであり、彼らの日々は、永遠に何かを期待するなかで、過ぎていく。

結論

帝政前期の末期、ローマの平民が見世物を提供したためローマは悪徳で自滅した、と主張する歴史家があまりにも多い。実際には、この図式に騙されてはならない。ローマ市は帝国の一部分にすぎず、そこでは固有のリズムと法則に従って日常生活が営まれていた。たとえば、ローマ市以外では、競技の開催は少なく、小麦や食糧が配給されるのはローマ市よりずっと稀であった。地方の政務官だけが、みずからの就任をこのような施物によって祝ったのである。このような施物では、当該都市の市民に対し、一年分の食糧を保障することはできなかった。下層民が暇なことは首都を虫食む病毒であるが、あまりその深刻さを強調すべきではない。前述したように、列柱廊や沿道では商売が繁昌していた。ローマ市でも、少なくともポンペイと同程度に、職人の仕事は栄えていた。ローマ市周辺には、幅広いベルト状の野菜畑が広がっていて、毎日、そこでとれた作物が市場で売られた。十九世紀のローマ同様、カステッロ〔市壁で囲まれた丘の上の集落〕の農民がワインや果物を運んできた。したがって、閑暇は相対的なものにすぎない。せいぜい断言できることといえば、皇帝が気前よく施物を提供し、競技が頻繁に催されため、ローマ市の住民は、属州や自治市の住民ほど労働を強いられなかったことである。

しかし、ローマ市が帝国全体にとって理想であり、手本であったことは確かである。ビュザンティウム〔コンスタンティノープル〕が首都になったとき、皇帝は同地にイタリアの首都と同じ生活環境を整備しようとする。水道や競技場を建設し、競技の開催や食糧の配給を増やす。しかし、そのずっとまえから、帝国全土において、地方の大貴族がすでに資力の許すかぎりローマ市を模倣していた。

属州の大地主は、ローマ市の貴族と同じようにみずからの住宅を飾る風習を採りいれ、イタリアの別荘《ウィッラ》に対抗しうる大規模な別荘を造る。詩人アウソニウス(1)は、モーゼル川かガロンヌ川の河畔を描写して、四世紀のガリアで地主の大邸宅が増加し、そこでの生活は、本質的には農民の生活であるが、まったく田舎らしいところがない、と述べている。この印象は考古学の発掘でも確認されている。プロヴァンス地方、アキテーヌ地方、ラインラント地方、英国、さらにアフリカやスペインなどいたるところで、ほとんど毎日のように、この高級な「別荘」が発見されている。別荘には、大きなモザイク、テラスに面した列柱廊、浴室や床下暖房《ヒュポカウストン》だけでなく、ブドウ圧搾機、パン焼き窯もある。蛮族がその地方を支配するようになると、たいていの場合、蛮族がローマの大地主と交替し、元の大土地経営を続けるだけである。日常の生活様式は安定していて、教養のない征服者もそれを継承し、見事な連続性を示している。奇妙なことに、ローマ精神を形成している最も重要な要素の一つ、すなわち、真の生活は農村生活の豊かさのなかでのみ開花するという感性は、最も長く生き延び、「ローマ文明」の精神を維持し、守るのに寄与した要素なのである。ローマ文明があるゆる荒廃や殺戮にもかかわらず生き延びたのは、おそらく、都市があったからであろう。だが、それと同様に、別荘があったからでもあろう。

(1) ボルドー生まれのラテン詩人(三一〇年頃～三九五年頃)。

＊＊＊

ローマの私的生活の描写を終えるにあたり、冒頭で提起した問題、すなわち、ローマはみずからの「風俗」に赤面しなくてもよいという問題に対し、おそらく、今やもっとうまく回答できるだろう。おそらく、汚職の事例にはこと欠かないだろう。そしておそらく、ローマ人は、キリスト教徒が神殿を閉鎖し、廃墟とするまえから、みずからの神々を見捨てていたのだろう。この意味で、ローマ人はみずからの民族、みずからの伝統に忠実ではなかった。しかし、ローマの生活には、放蕩、大宴会、残酷、怠惰があっただけで、明日の楽しみをうまく確保すること以外、理想がなかったと考えるのは、思い違いであろう。ローマ人は、どの時代の人とも同じように、徳行と悪行を交互に経験し、実践した。おそらく、ローマ人の伝統的道徳観に対する少々厳しすぎる要求が、みずから悪評を招いた原因であろう。われわれは、カンパニア地方の都市の遺跡やフォルム・ロマヌムの摩滅した石畳のうえに、ローマ人の闇の部分が残っているのを見ることができる。ローマの歴史家・詩人・哲学者の証言を吟味することもできる。だから、われわれはローマ人にわれわれの評価を認めさせる資格があるのである。

訳者あとがき

本書は、Pierre Grimal, *La vie à Rome dans l'antiquité*（Coll. « Que sais-je? » n°596, 9ᵉ éd., P.U.F., Paris, 1990）の全訳である。

著者ピエール・グリマル（一九一二〜一九九六年）は、ソルボンヌ大学教授、フランス学士院会員（碑文・文学部門）であったフランスの古典学の泰斗である。ラテン文学に通暁した文学者であるが、歴史学・考古学にも造詣が深く、上梓した著書や訳書は、共著を含め六〇冊有余、晩年はフランスで「最後のローマ人」と言われていた。文庫クセジュには、古代ギリシア・ローマに関する同氏の作品が八点収められているが、本書の上梓により、そのすべての邦訳が完了することになる。

フランスでは、歴史叙述で社会史・生活史を重んじる伝統がある。この伝統を反映し、フランス史学会の重鎮であったJ・カルコピーノが『帝国最盛期におけるローマの日常生活』を著わしたのは、一九三九年のことであった。以後、フランスでは続々と日常生活シリーズが刊行されている。本書もカルコピーノの作品に触発されて構想されたものであろう。我が国でも、近年、社会史・生活史が重視されており、ローマ史では弓削達の名著『素顔のローマ人』（一九七五年）が上梓されている。いずれも、紀元一世紀の中葉から一〇〇年ほどに焦点を当てて、ローマの日常生活を紹介したものである。

本書は、これら両著と異なり、創建から紀元三世紀初頭のセウェルス朝まで約一〇〇〇年を四期に区分し、各時代の「変遷」に力点を置いて、古代ローマの日常生活のさまざまな面を実に要領よく概説している。特筆すべきは、思潮の変遷に多くの紙幅を割いていることであろう。ギリシア文化との接触がもたらした文化の激変、田園に対する根強い愛着と住宅の変遷、家庭・国家の守護神に対する習俗的宗教から魂の救済を求める個人の宗教への移行などが、時代の流れとともに実に的確に説明されている。

一般に、ローマ人の生活については、ジャーナリスティックな興味をひくからか、奔放あるいは逸脱した性や愛、美食・飽食などの奢侈を中心に紹介されることが多い。著者は、この傾向を、ルクッルスの饗宴やネロ流の性的放縦などに関する「古代の歴史家の大げさな表現や計算づくで発した不誠実な言葉」によって、ローマ人の生活が頽廃の極みにあったという印象を与えているからだ、と断ずる。古代の歴史家が言及している性的放縦や饗宴の大半が最高権力者層のものであり、同様のことは、どの国家、どの時代にもあったし、現代でも存在することを鑑みるとき、著者の見解には説得力がある。悪徳・背徳、奢侈といったネガティヴな面に囚われないで、陽気で屈託のないイタリア人の祖先たちの日常生活を考えてみようと思われる方は、ぜひとも本書を繙《ひもと》いていただきたい。

近年、我が国でも、古代ローマに関する展覧会が二、三年の周期で開催されている。これら展覧会では、生活史重視の傾向を反映して、美術品だけでなく、手鏡・香油瓶、食器・調理器具、医療器具、織機、農業用機具といった生活関連の出土品や復元模型が展示されることが多い。本書は、このような品についても随所で類書に見られない興味をそそる解説をしているので、きっと、読者のこれら展覧会に対する興味を増幅してくれるであろう。

原著では、古典テクストや碑文資料の出典はいっさい明示されていない。原史料に当たってみようという読者のために、そのすべてに出典を示しておいた。また、巻末に、図版を五葉追加し、年表と索引をつけることを許していただいた。ご活用願いたい。

最後に、本書の本文の翻訳と訳註については、古代ローマの家族史を専門とされ、共著の『古代ローマを知る事典』(東京堂出版、二〇〇四年)で人口・家族問題などの生活史について最新の興味ある情報を読書界に発信された東京女子大助教授樋脇博敏氏に原稿をチェックしていただいた。先生には、御多忙にもかかわらず、二度にわたって拙稿に細かく目を通していただき、数々のきわめて貴重な指摘や助言をいただいた。この紙面を借り、慎んで御礼申しあげる。しかしながら、翻訳に誤りがあるとすれば、それはすべて私の責任であることは申すまでもない。また、本書の出版に関しては、白水社編集部の和久田頼男、中川すみ氏にお世話になった。本書を担当された中川すみ氏には追加図版作成などの面でひとかたならぬご苦労をおかけした。お礼を申しあげる。

二〇〇五年　二月　所沢にて

北野　徹

『古代ローマの日常生活』関連年表

＊【　】内は関連する本文の頁を示す。

前七五三年	ロムルスがローマを建国（伝承）【五、一四、二六】
前五〇九年	共和政成立、L・ユニウス・ブルートゥスとタルクィニウス・コラティヌスが初代執政官に就任（伝承）【二九】
前三一二年	アッピウス・クラウディウスがアッピウス街道の建設開始【三六、八七】
前二六四年	第一次ポエニ戦争（～前二四一年）【三七、五一】
	ローマ市最初の剣闘士の興行実施【五八】
前二四一年	第一次ポエニ戦争が終結（ローマが全イタリア半島の支配権を掌握）
前二一八年	第二次ポエニ戦争（～前二〇一年）【六〇、八三】
前二一一年頃	ローマ初の銀貨の発行【五一】
前二〇二年	大スキピオ、ザマの戦いでハンニバルを撃破【六七－六八】
前二〇一年	カルタゴ降伏
前二〇〇年	第二次マケドニア戦争（～前一九七年）
前一九九年	ナエウィウス（前二六九年～）死去【九五】
前一九七年	第二次マケドニア戦争（前二〇〇年～）終結（アドリア海とイオニア海が「ローマの湖」となる）
前一八四年	カトー、監察官に就任、大スキピオ、リテルヌムへ隠棲【二二、六七、九五】
前一八二年	奢侈禁止に関するオルキウス法（饗宴の人数制限）【七】
前一七一年	第三次マケドニア戦争（～前一六八年）
前一六八年	アエミリウス・パウッルス、ピュドナの戦いでマケドニア王ペルセウスを撃破し、マケドニア滅亡【六八】

	ペロポンネス半島諸都市の反対派一〇〇〇人（ポリュビオスはその一人）、ローマへ連行（ローマで精神革命を惹起）【七〇-七一】
前一六一年	奢侈取締に関するファンニウス法（饗宴の費用の制限）【七】
前一六〇年	アエミリウス・パウッルスの葬儀（テレンティウスの喜劇『兄弟』上演）【五八】
前一四九年	第三次ポエニ戦争（～前一四六年）
前一四六年	カルタゴ滅亡
	コリントスを破壊し、アカイア属州を設置【六一】
前一四三年	奢侈禁止に関するディディウス法（ファンニウス法の全イタリア適用）【七】
前一三三年	護民官ティベリウス・グラックス、土地改革実施【七二】
前一二三年	護民官ガイウス・グラックス、兄の改革を継続（～前一二二年）【七二】
前一二一年	執政官オピミウス、独裁官に就任し、グラックス派を弾圧（良質のワインが採れた年）【四三】
前一〇七年	ヌミディア王ユグルタ、ローマに引き渡される【七四】
前九一年	同盟市戦争（～前八八年）
前八〇年	ポンペイ、ローマの植民地となる【六四】
前七四年	第三次ミトリダテス戦争（～前六三年）【四二】
前六三年	キケロ、カティリーナの陰謀を粉砕【五三-五四】
前五八年	カエサル、ガリア戦争（～前五一年）【七四】
前五五年	ポンペイウス、最初の石造劇場建設【五六】
前五二年	ミローがクロディウスを殺害、キケロがミローを弁護【五九】
前四八年	ファルサロスの戦い（カエサル、ポムペイウスに勝利）
前四四年	カエサルの暗殺（三月イドゥスの日）
前四二年	フィリッピの戦い（オクタウィアヌスとアントニウス、ブルートゥスに勝利）
前三三年	アグリッパ、ユリウス水道を竣工

前三一年	アクティウムの海戦
前三〇年	アウグストゥス、エジプトを征服し、皇帝直轄属州とする【七四】
前二七年	アウグストゥス、アウグストゥスの尊称を受け、帝政開始。ユリウス・クラウディウス朝始まる（〜前六八年）
前二五年	アグリッパ、ローマ市最初の共同浴場建設開始（次代の共同浴場のモデル）【九四、一一〇】
前二三年	アウグストゥス、護民官職権と上級プロコンスル命令権を付与さる
前一九年	アグリッパ、ウィルゴ水道を竣工【九四】
前一八年	婚姻階層に関するユリウス法（婚姻と出産を奨励）、姦通規制に関するユリウス法の制定【九三】
前六年	ティベリウス、ロドス島に隠棲（〜二年）【八三】
前二年	ナウマキア池で模擬海戦ショーを開催【一〇八】
六年	アウグストゥス、自由民で警察消防隊を編成【八一】
九年	パピウス・ポッパエウス法で婚姻階層に関するユリウス法を修正【九三】
一四年	アウグストゥス逝去。ティベリウス（〜三七年）即位
四八年	クラウディウス、妃のメッサリーナを処刑（翌年、姪の小アグリッピナと結婚）【一三七】
五二年	クラウディウス水道と新アニオ水道竣工（両水道ともカリグラが三八年に着工）【一〇七】
五四年	ネロ即位（〜六八年）
六〇年	ネロ、マルスの野に総合体育施設（共同浴場・体育場）完成【一一〇】
六四年	ローマ市の大火【一〇六、一〇九】
六五年	セネカ自殺【六七、一一四－一一五】
六九年	ウェスパシアヌス、内乱を平定し即位。フラウィウス朝開始（〜九六年）
七九年	ヴェスヴィオ山の噴火でポンペイ埋没【一〇二】
八〇年	ティトゥス、コロッセオとティトゥス共同浴場を竣工（共同浴場の娯楽施設化始まる）【一一〇】
九六年	ネルウァ即位（在位〜九八年）、アントニヌス朝開始
九八年	トラヤヌス即位（在位〜一一七年）

一〇九年	トラヤヌス水道とトラヤヌス共同浴場完成【一一〇】
一一四年	小プリニウス死亡（六二年〜）【一〇二、一〇五、一三九、一四二】
一一八年	ハドリアヌス、ティヴォリの別荘の建築開始（〜一三三年）【一四〇-一四一】
一八〇年	マルクス・アウレリウス死亡【一三一】
一九三年	セプティミウス・セウェルス即位、セウェルス朝開始（〜二三五年）
三〇五／六年	ディオクレティアヌスが共同浴場を奉献【一一〇】
三三〇年	コンスタンティヌス帝、ローマ帝国の都をビュザンティウムへ移し、コンスタンティノープルと改名
三八〇年	テオドシウス帝、キリスト教を国教化
三九五年	テオドシウス帝死去、ローマ帝国が東西に分裂
四〇二年	ラヴェンナ、西ローマ帝国の首都となる【六】
四七六年	西ローマ帝国滅亡
五三二年	コンスタンティノープルでニカの反乱発生【一二九】

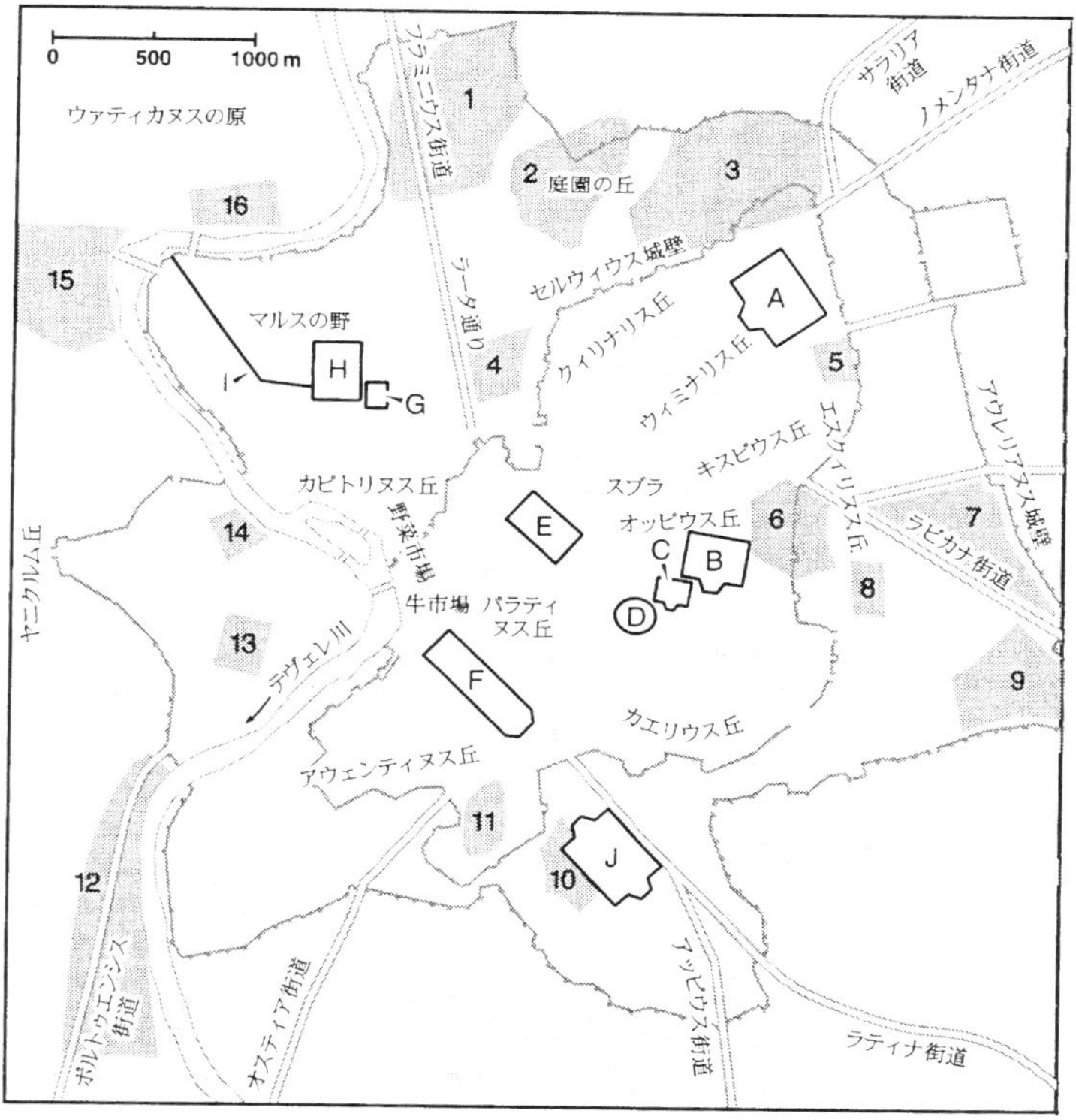

追加図版 I　ローマの地図

1 ポンペイウス庭園　2 ルクッルス庭園　3 サッルスティウス庭園
4 スキピオ庭園　5 ロッリウス庭園　6 マエケナス庭園
7 タウルス庭園　8 ラミア庭園　9 トルクァトゥス庭園
10 アシニウス庭園　11 セルウィリウス庭園　12 カエサル庭園
13 アントニウス庭園　14 クロディウス庭園　15 アグリッピナ庭園
16 ドミティウス庭園
A ディオクレティアヌス共同浴場　B トラヤヌス共同浴場
C ティトゥス共同浴場　D コロッセウム
E フォルム・ロマヌム　F 大競技場
G アグリッパ共同浴場　H アグリッパ池
I エウリプス水路　J カラカッラ共同浴場

追加図版Ⅱ　男性用衣服

① トゥニカ　② 留金（フィブラ）　③トゥニカ（条飾り付き）

④ 条飾り付きトガ　⑤トガ　⑥ パッリウム

⑦ラケルナ　⑧ブラカエ　⑨パエヌラ

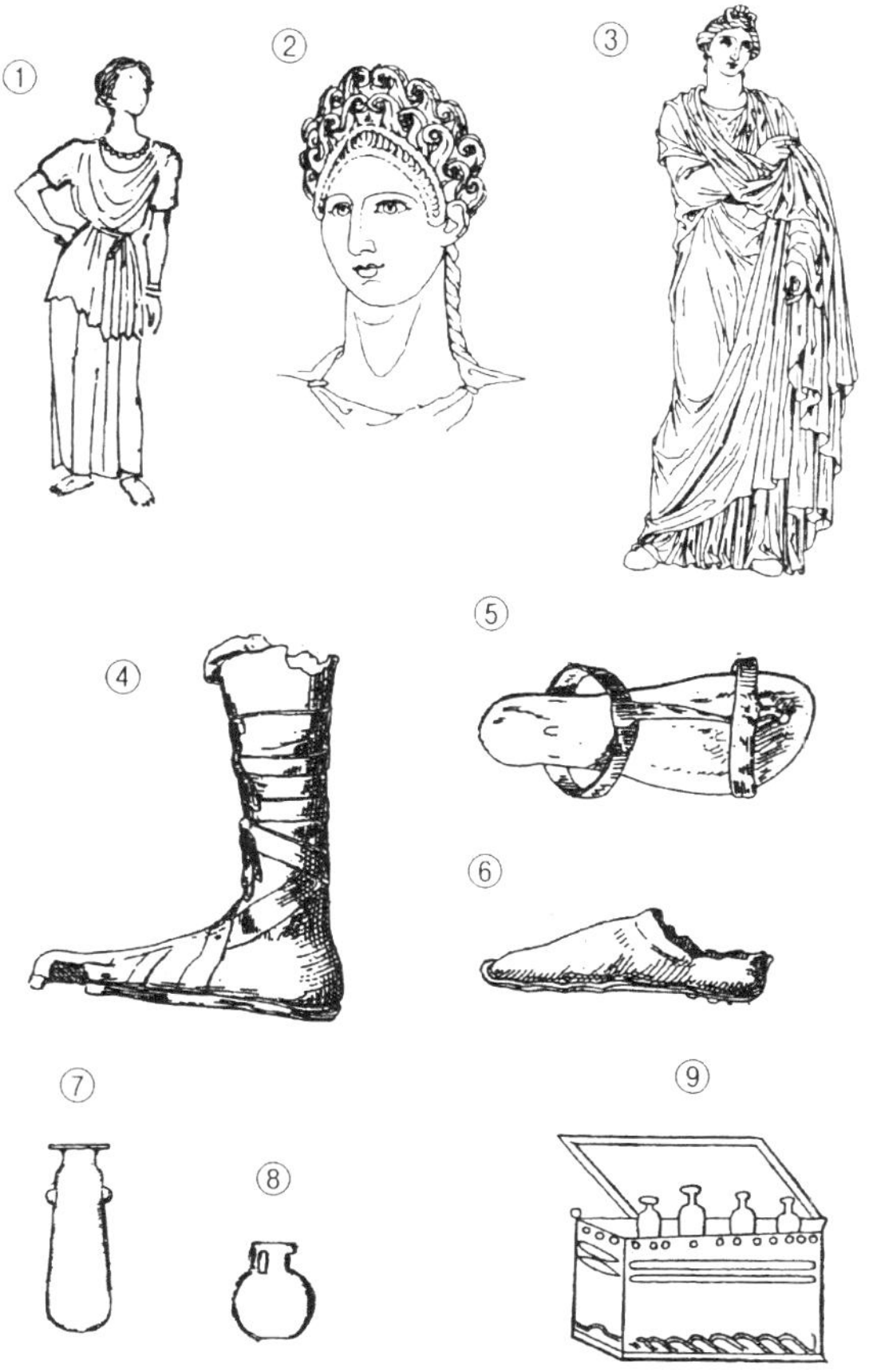

追加図版III　女性用衣服・履き物・化粧道具

① ストラ　② 王冠型髪型　③ パッラ　④ カルケウス
⑤ サンダル　⑥ ペロ　⑦ アラバストロス　⑧ アリュバロス
⑨ 化粧道具入れ（アラバストロテケ）

追加図版II⑤・⑥、III②・③は，Thomas Hope, Costume of the Greeks and Romans (Dover Publications, Inc.N.Y.,1962)から転載.

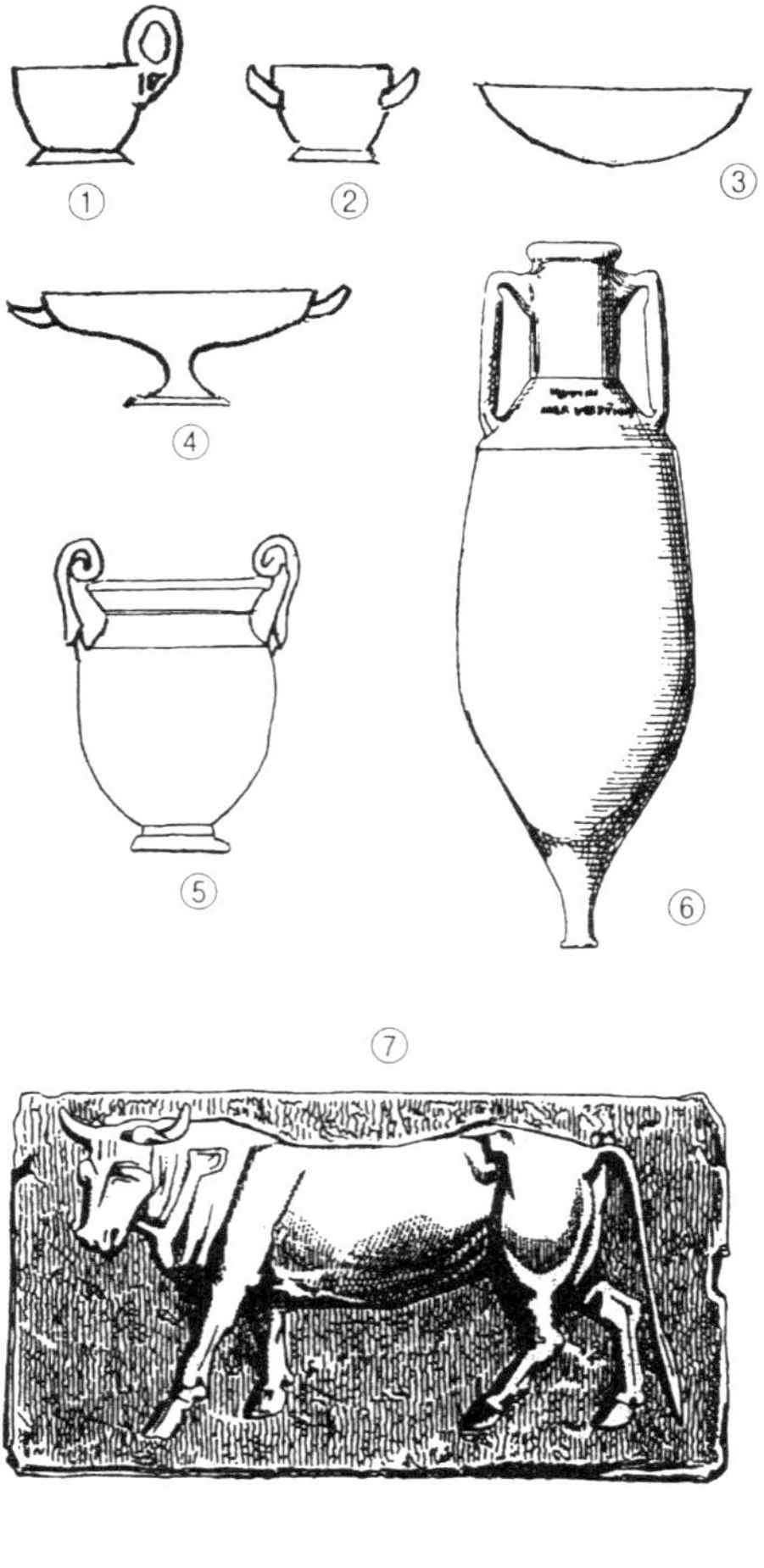

追加図版Ⅳ　器・インゴット

① キュアトス　② スキユフォス　③ パテラ
④ コップ（キュリックス）　⑤ クラテール
⑥ アンフォラ　⑦ インゴット(原寸の1/4)

追加図版Ⅴ　「ペリステュリウムのある家」の投影図

① 玄関	② 店舗	③ 貸家	④ アトリウム	⑤ 雨水だめ
⑥ 寝室	⑦ タブリヌム	⑧ 食堂	⑨ ペリステュリウム	
⑩ 寝室	⑪ 広間	⑫ 列柱廊	⑬ 庭園	

索引

「人名（生年，著書）・氏族名・神名・文学の登場人物」
「地名・国名・種族名」
「動物・植物・鉱物」
「服飾・化粧」
「建築・建造物」
「その他の事項」で分類

●人名（生年・死亡年，著書）・氏族名・神名・文学の登場人物

アウソニウス（310年頃～395年頃） 153
アウグストゥス（前63年～14年） 7, 10, 42, 73 - 78, 81, 85, 86, 88, 90, 92 - 94, 96, 99, 101, 103, 106 - 109, 132
アグリッパ（前64-62年～前12年） 93, 94, 107, 110
アグリッピナ（小アグリッピナ）（15年～59年） 137
アドニス 147
アピキウス 90, 92
アポロン 89
アリストテレス（前384年～前322年） 70
イシス 146
ウァッロ（前116年～前27年） 42
ウェヌス 58, 89
ウェルギリウス（前70年頃～前19年） 89, 127
エンニウス（前239年～前169年） 95
『年代記』 95
オウィディウス（前43年～17年） 100
オシリス 146, 147
オピミウス（～前100年頃） 43
オルビリウス 95
カティリーナ（前109年頃～前62年） 53, 54
カトゥッルス（前84年頃～前54年頃） 72
カトー（大カトー）（前234年～前149年） 7, 8, 22, 24, 38, 67, 71, 91
カリグラ（12年～41年） 106, 109
キケロ（前106年～前43年） 46, 60, 70, 72, 98
クラウディウス（帝）（前10年～54年） 107, 128
クラウディウス，アッピウス 87, 95
グラックス，Ti（前162年～前133年） 72
グラックス，C（前154年～前121年） 72
クロディア（前95年頃～） 72
・～のサークル 72
・～のサロン 72

クロディウス（前92年頃～前52年）
59, 60, 72
コルネリア（前180年頃～前110年頃）
72
サッルスティウス（前86年頃～前35年頃） 78
サテュロス 144
スウェトニウス（70年頃～130年頃）
76, 83, 85
スキピオ（大スキピオ）（前236年～前183年） 67 - 69
スキピオ・アエミリアヌス（小スキピオ）（前185/4年～前129年）
68, 69, 71
スッラ（前138年頃～前78年） 9, 64
セネカ（前2年頃～65年） 67, 68, 113 - 115
『道徳書簡集』 68, 115
タキトゥス（56年頃～120年頃）
75, 105, 150
ディアナ 77, 149
ディオニュソス 147
ティトゥス（帝）（39年～81年）
10, 110, 111
ティブッルス（前50年頃～前19年）
100
ティベリウス（帝）（前42年～37年） 6, 28, 83, 90, 106
ドゥセヌス 57
ドミティアヌス（帝）（51年～96年） 10, 81, 138, 139, 141
トラヤヌス（帝）（53年～117年）
102, 107, 108
トルマルキオン 103 - 105
ナエウィウス（前270年頃～前201年頃） 95
『ポエニ戦争』 95
ニオビデス 144
ニンフ 66, 144
ネレイス 144
ネロ（帝）（37年～68年） 8, 67, 101, 103, 106 - 110, 129, 137
パウッルス・マケドニクス, L・アエミリウス（前227年頃～前160年） 59
バッコス（バッカス） 48, 66, 144
パップス 57
ハンニバル（前247年～前183/182年）
38, 52, 67
ファウヌス 48, 66, 77, 100, 144
ファウストゥルス 14
ブッコ 57
プラウトゥス（前254年頃～前184年） 57
プラトン（前429年頃～前347年） 70
プリアポス 66
プリニウス（小プリニウス）（61年頃～112年頃） 102, 105, 139, 142
ブルートゥス, L・ユニウス（～前509年） 29
プロペルティウス（前47年頃～前15年頃） 100
ヘカテ 149
ペナテス神 19, 20
ペトロニウス（～66年） 103
『サテュリコン』 103
ヘラクレス 50
ペルセウス（前213/12年頃～前165年頃） 59, 68
ホメロス 105, 127
ホラティウス（前65年～前8年） 76, 84, 95
ポリュビオス（前200年頃～前118年頃） 71
ポンペイウス（前106年～前48年）
58, 60
マックス 57
マルティアリス（40年頃～104年頃）
102
ミトラ 146
ミトリダテス（ミトリダテス6世）

● 地名・国名・種族名

● 動物・植物・鉱物

●服飾・化粧

●建築・建造物・庭園

● その他の事項

参考文献
(訳者による補足)

I　概説書

桜井万里子／本村凌二『ギリシアとローマ』(世界の歴史5), 中央公論社, 1997年.

秀村欣二／三浦一郎『世界の歴史2 古代ヨーロッパ』, 社会思想社現代教養文庫, 1974年.

村川堅太郎編『世界の歴史2 ギリシアとローマ』, 中央文庫, 1974年.

村川堅太郎／長谷川博隆／高橋秀『ギリシアとローマの盛衰』, 講談社学術文庫, 1993年.

弓削達『ローマ帝国とキリスト教』(世界の歴史5), 河出書房, 1968年.

弓削達『永遠のローマ』(世界の歴史5), 講談社学術文庫, 1991年.

II　社会・経済

長谷川博隆『ローマ人の世界』, 筑摩書房, 1985年.

本村凌二『ポンペイ・グラフィティ――落書きに刻むローマ人の素顔』, 中公新書, 1996年.

M・ロストフェツェフ『ローマ帝国社会経済史』(坂口明訳), 東洋経済新報社, 2001年.

Andrew Burnett (Traduction de George Depeyrot), *La numismatique romaine de la république au haut-empire*, éditions Errance, Paris, 1988.

III　文化・思想史

青柳正規『トルマルキオの饗宴――逸楽と飽食のローマ文化』, 中公新書, 1997年.

P・グリマル『ローマの愛』(沓掛良彦／土屋良二訳), 白水社, 1994年.

アンドリュウー・ドルビー／サリー・グレインジャー『古代ギリシア・ローマの料理とレシピ』(今川香代子訳), 丸善, 2002年.

本村凌二『ローマ人の愛と性』, 講談社現代新書, 1999年.

弓削達『素顔のローマ人』, 河出書房新社, 1975年.

エウジェニア・サルツア・プリーナ・リコッティ『古代ローマの饗宴』(武谷なおみ訳), 平凡社, 1991年.

IV　美術・建造物

青柳正規『皇帝たちのローマ――都市に刻まれた』, 中公新書, 1992年.

青柳正規『古代都市ローマ』, 中央公論美術出版, 1990年.

青柳正規編『古代地中海とローマ』(世界美術大全集・西洋編5), 小学

館，1997年.
今井宏著訳『古代ローマの水道』，原書房，1987年.
『ローマ美術』（体系世界の美術6），学研，1974年.
『ローマ美術館』（体系世界の美術館7），講談社，1967年.
青柳正規監修『世界遺産 ポンペイ』，朝日新聞社，2001年.
国立西洋美術館・NHK・NHKプロモーション編「ヴァティカン美術館所蔵 古代ローマ彫刻展」NHK・NHKプロモーション，2004年.
ステファーノ・デ・カーロ／青柳正規監修『ポンペイ展』，タクトマーケティング，1999年.
横浜美術館編集『ポンペイの壁画展　2000年の眠りから蘇る古代ローマの美』「ポンペイの絵画展」日本展実行委員会・現代彫刻センター，1997年.
F. Coarelli, *Roma* (Guide Archeologiche Mondadori), Mondadori, Milano, 1994.
P. Grimal, *Le Jardins romains*, 3e éd, Fayard, Paris, 1984.
P. Grimal, *Nous partons pour Rome*, P.U.F., Paris, 1983.
A.G. McKay, *Houses, villas and palaces in the Roman world* (Aspects of Greek and Roman life), Cornel University Press, N.Y., 1975.

V　辞典・事典

長谷川岳男／樋脇博敏『古代ローマを知る事典』，東京堂出版，2004年.
P. Grimal, *Dictionnaire de la mythologie greque et romaine*, 5e éd, Paris, 1976.
L. Richardson Jr., *A New Topographical Dictionary of Ancient Rome*, The Johns Hopkins University Press, Baltimore, 1992.
The Oxford Classical Dictionary, 3rd ed., Oxford ; Oxford University Press, 1996.

訳者略歴
北野徹（きたの・とおる）
一九三八年生まれ
一九六二年東京大学法学部卒業
一九七〇～七二年フランス留学
ＴＩＳ㈱取締役、日本ケーブル・アンド・ワイヤレス
ＣＳＬ㈱常務、ＴＩＳ㈱監査役、㈱ＴＩＳ東北ソフト
ウエアエンジニアリング社長を歴任
現在、㈲エクステリア総合研究所社長
主要訳書
Ｐ・グリマル『ローマの古代都市』（白水社文庫ク
セジュ七六七番）
Ｐ・グリマル『アウグストゥスの世紀』（白水社文
庫クセジュ八七二番）
Ｐ・プティ／Ａ・ラロンド『ヘレニズム文明』（白水
社文庫クセジュ九二八番）

本書は二〇〇九年刊行の『古代ローマの日常生活』第二刷を
もとにオンデマンド印刷・製本で製作されています。

古代ローマの日常生活

二〇〇五年四月一〇日第一刷発行
二〇一一年六月二〇日第四刷発行

訳　者 © 北　野　　徹
発行者　及　川　直　志
印刷・製本　大日本印刷株式会社
発行所　株式会社　白　水　社

東京都千代田区神田小川町三の二四
電話 営業部〇三（三二九一）七八一一
　　 編集部〇三（三二九一）七八二一
振替　〇〇一九〇―五―三三二二八
郵便番号一〇一―〇〇五二
http://www.hakusuisha.co.jp
乱丁・落丁本は、送料小社負担にて
お取り替えいたします。

ISBN978-4-560-50885-5
Printed in Japan